Ce 2013

Durch die Krise kommt keiner allein

Christian Rathner

Durch die Krise kommt keiner allein

Was Griechenland Europa lehrt

styria premium

INHALT

PROBLEME MIT DER HÄNGEMATTE ODER: WARUM DIESES BUCH GESCHRIEBEN WERDEN MUSSTE

„Oje", sagt meine Kollegin, eine bewährte internationale Journalistin, „ich möchte eigentlich kein Buch von einem Österreicher lesen, der ein paar Mal in Griechenland war und dann so tut, als wüsste er Bescheid."

Mein Interesse an dem thailändischen Reisgericht, das ich gerade noch köstlich fand, tendiert schlagartig gegen null. Mit Eifer und Begeisterung habe ich ihr von meinem Vorhaben erzählt, vielleicht auch, um sie auf meine Seite zu bringen und damit eigenen Zweifeln entgegenzutreten. Das ist offensichtlich gründlich schiefgegangen. Ignorieren? Das Thema wechseln? Chancenlos. Das Dumme ist nämlich: Ich schätze den Rat der Frau, die mir gegenübersitzt, und kann ihn nicht einfach beiseiteschieben. Ihr Einwand trifft einen zentralen Punkt. Ich bin weder Grieche noch Griechenland-Experte. Ich kann nicht einmal Griechisch. Warum will ich, warum soll ich dieses Buch schreiben?

Meine erste Griechenland-Erfahrung liegt Jahrzehnte zurück. Nach bestandener Matura bestiegen wir einen Autobus und fuhren durch halb Europa. Die Erinnerungen sind immer noch farbenfroh. Der schöne Sonnenuntergang in Kap Sounion, das Amphitheater von Epidauros, der Metaxa, dessen sieben Sterne sich in feuchter Fröhlichkeit multiplizierten, das Athener Hotel mitten in der Anflugschneise des damaligen Flughafens. Viele Jahre später nahm ich an einer Ost-West-Begegnung in der Orthodoxen Akademie von Kolymbari teil, lernte Kreta kennen, kam als Journalist wieder, staunte über die tiefe Versunkenheit der Ikonenmalerinnen im Kloster Chrysopigi, sah den Goldglanz ihrer Bilder auf dem abendlichen Meer, genoss das Tavernen-Gefühl im Meergeruch des Hafens von Chania und erfuhr von bäuerlichen Insulanern, die das Meer nicht kennen. Dazu noch: „Z", das Filmmeisterwerk von

Costa-Gavras vor dem Hintergrund der griechischen Militärdiktatur, „Alexis Sorbas", sein Sirtaki und der stets ehrfurchtsvoll genannte Name des Komponisten: Mikis Theodorakis. Theo Angelopoulos wurde mir mit langsamen, nebeligen Filmen zum Begriff – und Nikos Kazantzakis, der skandalumwitterte und von der griechisch-orthodoxen Kirche exkommunizierte Autor des „Alexis Sorbas", aber auch der Romanvorlage für einen Hollywood-Streifen, gegen den die katholische Rechte zu Felde zog: „Die letzte Versuchung Christi".

Das war vorerst alles: nicht viel, aber genug, um sich dem Land verbunden zu fühlen und sich mitzufreuen, wenn über Erfolge berichtet wurde. Denn die gab es. 2004 zum Beispiel wurde zu einem wahren griechischen Glücksjahr: die strahlend verlaufenen Olympischen Sommerspiele in Athen (abgesehen vom finanziellen Desaster, das ich damals aber nicht wahrnahm), die völlig überraschend gewonnene Fußball-Europameisterschaft in Portugal und die Eröffnung der Charilaos-Trikoupis-Brücke über die Meerenge von Rio Andirrio, die als gewagtes Stück Ingenieurskunst Attika und den Peloponnes verbindet, ließ manche Brust vor Stolz schwellen. In europäischen Zeitungen las man bewundernde Berichte. Wie machen sie das bloß, die Griechen? Der kleine David ließ so manchen Goliath alt aussehen, und Otto Rehhagel vulgo Rehakles, der vorübergehend in den Olymp zu verehrender Gottheiten aufgestiegene deutsche Trainer der griechischen Nationalmannschaft, sprach einem Journalisten die bis heute aktuellen Worte ins Mikrofon: „Modern ist, wer gewinnt."

Als sich die Regierung 2007 unfähig zeigte, katastrophaler Waldbrände Herr zu werden, tauchten allerdings Fragezeichen auf. Griechenland-Freunde reagierten mit Bestürzung. Der Tod eines Schülers durch Polizeikugeln und die darauffolgende Gewalteskalation ein Jahr später offenbarten heftige Spannungen in der griechischen Gesellschaft. Und als ich im Mai 2010 für eine Recherche zu einem nicht direkt Griechenland betreffenden Projekt zurückkehrte, war die Stimmung endgültig umgeschlagen. Griechenland war in die drohende Zahlungsunfähigkeit geschlittert, die Krise spitzte sich zu. Jetzt ergoss sich – vor allem auf dem Boulevard – Häme über das hoch verschuldete Land. Ich saß auf dem Steinpflaster Thessalonikis, schlug auch ein wenig auf den Topf und hörte den Demonstrantinnen und Demonstranten zu. Ihre Hauptforderung: Gerechtigkeit. Seit damals verfolgte ich die griechischen Entwicklungen mit gesteigertem Interesse.

Doch erst im Herbst 2012 verdichtete sich dieses Interesse zu einem journalistischen Projekt. Im August wurde ich zu einem Treffen in anderer Angelegenheit nach Athen eingeladen und blieb ein paar Tage. Kurz darauf legte eine Journalistenreise nach Athen, organisiert von der österreichischen katholischen Presseagentur „Kathpress", den Grundstein für eine nachfolgende Intensivrecherche. Im Dezember war die Sache dann so weit gediehen, dass ich mit meinem Kameramann Bernhard Pötscher Dreharbeiten in Angriff nehmen konnte. Die halbstündige Reportage über Athen in der Krise („Helfende Hände in Athen") wurde vom ORF im Rahmen des Religionsmagazins „Orientierung" am 30. Dezember 2012 ausgestrahlt. Ihr Ziel war es, einerseits die Folgen der Krise aufzuzeigen und klarzumachen, wie schwer die Lage für viele Menschen in Griechenland geworden war. Andererseits aber demonstriert sie auch, dass sich Griechinnen und Griechen keineswegs schicksalsergeben in ihr Leid fügen, sondern in zahlreichen Solidaritätsaktionen dagegen ankämpfen.

Aber damit war das Thema für mich nicht erledigt. Ich war Menschen begegnet, deren Schicksal mich berührte. Mosaikstein für Mosaikstein setzte sich in mir ein Bild zusammen, das die wahren Dimensionen der griechischen Misere wenigstens erahnen ließ. Mein Cutter Sako Misirian verbrachte mit mir die Weihnachtsfeiertage im Schneideraum. Seine Reaktionen auf das gedrehte Material zeigten mir, dass ich mit meinen Emotionen nicht allein war. So schnitten wir eine Passage über Menschen, die das Mittagessen für sich und ihre Familien von einer kirchlichen Ausspeisung in Empfang nehmen mussten. Alle waren arbeitslos und ohne Unterstützung. „Ausgesteuerte" hätte man sie im Österreich der Zwischenkriegszeit genannt. Sako fiel es zuerst auf – die Augen aller Befragten hatten eine große Ähnlichkeit miteinander: traurig, umschattet, von tiefer Niedergeschlagenheit gezeichnet. Wir hatten auch vorher schon gewusst, dass die Lage für die auf Hilfe angewiesenen Menschen dramatisch sein musste. Aber das dunkle Licht, das in all diesen Augen flackerte, ließ uns lange nicht los. Die Reaktionen auf den Film waren entsprechend: Viele Zuseherinnen und Zuseher zeigten sich bestürzt über das, was sie gesehen und so noch nicht erfahren hatten.

Im Zuge der Vorbereitungen zu der Athener Reportage hörte ich eines Morgens ein Interview mit der österreichischen Finanzministerin. Ob die Griechen wohl selbst daran schuld seien, dass sie beim Bremsmanöver der auferlegten Sparpolitik „durch die Windschutzscheibe geflogen" seien, wollte der Reporter wissen. Die Ministerin ließ diese Sicht der Dinge nicht gelten. „Die

Griechen sind nicht durch die Windschutzscheibe geflogen", sagte sie mit Nachdruck: „Die Griechen sind aus der Hängematte gefallen."

Es fällt mir schwer zu beschreiben, welche Kälte dieser Satz für mich verbreitete. Zweifellos handelte es sich um eine gekonnte Polemik, denn er vermischte auf Zustimmung heischende Weise Halbwahres mit ganz Falschem, Beurteilungen mit Vorurteilen. Im Bild von der Hängematte schwingt die böse Vorstellung von den Menschen mit, die es sich faul und arbeitsscheu im Sozialsystem bequem gemacht haben. Und es zielt elegant auf das Vorurteil über die Bewohner südlicher Länder, die sich angeblich in die Sonne legen, anstatt ein ordentliches Bruttoinlandsprodukt zu erwirtschaften. Vor allem aber stieß mich die Pauschalierung ab: Nicht etwa die griechische Politik wurde kritisiert, sondern „die Griechen", also alle. Mir fielen sofort viele Menschen in Griechenland ein, deren durch die Krise ausgelöstes Schicksal man nur mit Mut zu Zynismus und Menschenverachtung damit erklären könnte, sie seien aus unverdienter Bequemlichkeit auf den Boden der Tatsachen gestürzt.

So bedacht oder unbedacht Äußerungen wie diese sein mögen: Sie bestärkten mich in der Überzeugung, dass es dringend notwendig wäre, die griechische – und europäische – Finanzkrise nicht allein als interessantes Spiel der Zahlen und Statistiken zu verstehen, sondern nachzufragen, wie es den betroffenen Menschen geht. Als sich im Jänner 2013 die Möglichkeit ergab, dem Thema nach der TV-Reportage auch ein Buch zu widmen, griff ich freudig zu. Man habe aus anderen Ländern wenig Solidarität erfahren, sagte mir eine deutsch-griechische Journalistin im Interview, dafür aber viele erhobene Zeigefinger gesehen.

Dieses Buch möchte den Zeigefinger beiseitelassen. Es will vermitteln, verständlich machen, näherbringen. Klarmachen, dass die Krise mit ein paar abschätzigen Worten weder zu begreifen noch zu erledigen ist. Die Erfahrungen der kleinen Leute sind ihm wichtiger als die großen Theorien. Und: Es lebt aus der Überzeugung, dass die griechische Krise eine europäische Krise ist und Europa gut daran täte, solidarisch und lernend an das Phänomen Griechenland heranzugehen. Denn die Krise hat viel Potential, den zentrifugalen und national-egoistischen Kräften Aufschwung zu verleihen. Ich möchte nichts beschönigen, aber doch auch die Schönheit des Landes zur Sprache bringen. Auch das Griechenland der Krise ist ein faszinierendes Land mit großartigen Menschen. Ich bin gerne dort, trotz aller Schwierigkeiten.

Meine Kollegin hat lange zugehört. „Du müsstest deine Gedankengänge transparent machen, deine Beobachtungen, deine Reflexionen", sagt sie. „Du müsstest deine journalistische Beobachtung und Reflexion spürbar machen." Genau so ist es gedacht. Es soll kein privates, aber doch ein sehr persönliches Buch werden. „Ich finde, du solltest es schreiben", sagt sie. Vielleicht wird sie es sogar lesen.

Der Reis schmeckt wieder. Aber die Herausforderung ist enorm.

Hinter dem sehr kurzen Wort „Krise" verbirgt sich ein ganzes Bündel von Vorgängen und Wirkmechanismen, Ursachen und Folgen wirtschaftlicher, sozialer und politischer Natur. Für den Ökonomen Yanis Varoufakis ist die Krise gar keine Krise, sondern eine Katastrophe, ausgelöst vor allem von den vorgeblichen Methoden zu ihrer Überwindung. Ich werde das kleine Wort Krise trotzdem verwenden, und zwar bewusst in seiner Unschärfe, denn es bezeichnet auch im griechischen Alltag nicht exakt die seit 2009 akut gewordene Staatsschuldenkrise im ökonomischen Sinn, sondern hat vor allem eine emotionale Bedeutung als Kürzel für eine Situation, die für alle schwierig ist und immer schwieriger wird.

Nur in relativ geringem Ausmaß stützten sich meine Recherchen auf die Lektüre von Büchern und Artikeln. Im Zentrum standen Gespräche mit Menschen: lange geplante Interviews, Begegnungen in Tavernen und Kaffeehäusern, kurze Dialoge in Alltagssituationen. Nach den Dreharbeiten im Dezember habe ich viele Wochen in Griechenland verbracht: vor allem in der Krisenhauptstadt Athen, aber auch auf Kreta (nach einer Pressereise kehrte ich für eine Woche noch einmal dorthin zurück), einige Tage auch in Thessaloniki und auf Ikaria.

Mein Eindruck nach dieser Zeit: Die Krise schreitet voran. Keine Rede davon, dass sie bald überwunden sein könnte. Viele leben in dem Gefühl: Es kommt noch schlimmer. „Die Krise hat noch gar nicht angefangen", sagen sie. Wenn etwas Hoffnung macht, dann ist es die Selbstverständlichkeit, mit der Menschen überall im Land füreinander einstehen und einander nicht alleine lassen. Zum Glück liegt es in der griechischen Lebensart, den Humor nicht zu verlieren und auch in schweren Zeiten Feste zu feiern.

Durch einen reinen Zufall stand eine Fast-Begegnung mit dem von mir hochverehrten Komponisten Mikis Theodorakis am Beginn meines griechischen Abenteuers. Seine Musik, die ich in fantastischem Ambiente hören konnte (vgl. gleich im Anschluss Kapitel 1), weckte mein Interesse an seiner Person neu, und ich begann mich mit ihm und seiner bewegenden Biografie zu beschäftigen, lange bevor der Buchauftrag erteilt war. Trotz zahlreicher Bemühungen ist es mir nicht gelungen, ihm seither persönlich zu begegnen. Trotzdem aber hat Theodorakis für mich so etwas wie einen roten Faden ausgelegt, zu dem meine Darstellungen immer wieder zurückkehren.

Dem Verlag Styria und seiner Leiterin, Frau Gerda Schaffelhofer, möchte ich für den Mut, einem Fernsehjournalisten ein Buch anzuvertrauen, herzlich danken. Ebenso gilt mein Dank meinem unermüdlichen Lektor Josef Weilguni, dessen Erfahrung für mich Newcomer sehr wichtig war, der mit viel Geduld auf meine Fristüberschreitungen („deadlines die first") reagierte und mich in sanfter Beharrlichkeit zur Fertigstellung des Manuskriptes drängte. Der größte Dank aber gilt den vielen Menschen in Griechenland, denen ich begegnen durfte und von denen mir nicht wenige zu Freundinnen und Freunden geworden sind. Ohne ihre Offenheit und Auskunftsbereitschaft wäre es nicht möglich gewesen, dieses Buch zu verfassen. Aus der Begegnung mit ihnen nehme ich viel für mein Leben mit. Sie aber müssen Tag für Tag ertragen, was ich – nach bestem Wissen und Gewissen zwar, aber doch nur von außen – zu beschreiben versuche.

1. „NUR DIESE EINE SCHWALBE": EIN MACHTVOLLES KONZERT UND DER RUF NACH FREIHEIT

Der 24. September 2012 wird mir noch lange in Erinnerung bleiben. An diesem Abend eines heißen Spätsommertages entstand vor den Eingängen zum Odeon des Herodes Atticus, dem antik-römischen Steintheater auf dem Athener Akropolis-Hügel, ein wahrhaft apokalyptisches Gewühle. Tausende drängten sich bis zur Atemnot vor den Ticketbuden, um ihre unter dem Familiennamen reservierten Eintrittskarten abzuholen. Schwitzend bemühte ich mich, etwas über den Verbleib des mir kurzfristig zugesagten Tickets herauszufinden, bis mich ein Anruf zu einem der Einlässe beorderte.

Es war der russisch-orthodoxe Metropolit Hilarion Alfeev, im Nebenberuf Komponist, der mich eingeladen hatte, das Konzert, dessen erste Hälfte mit seinen Werken bestritten werden sollte, zu besuchen. Es gab für mich, wie sich herausstellte, keine Karte mehr. Aber dem Verhandlungsgeschick eines Mannes aus der russischen Delegation war es zu verdanken, dass ich wenig später hoch erhobenen Hauptes hinter einer überschaubaren Anzahl ähnlich gelagerter Fälle in das Tribünenrund schritt, wo man mich aufforderte, in der – ja, wirklich – ersten Reihe Platz zu nehmen.

Die Arena schlug mich augenblicklich in Bann. Hinter der Bühne, die Sänger, Chor und großes Orchester erwartete, türmte sich eine imposante Steinkulisse. Schon am Vortag hatte ich sie bewundert, als ich auf dem Weg zur Akropolis von oben in den Theaterraum geblickt hatte. Dem Reiseführer entnahm ich Basisinformationen über die eindrucksvolle Geschichte der Stätte. Ein griechisch-römischer Redner, Politiker und Mäzen namens Herodes Atticus hat das Odeon 161 n. Chr. seiner Heimatstadt Athen geschenkt und seiner Frau gewidmet. Größen der Musikwelt sind hier aufgetreten: Maria

Callas zum Beispiel, Herbert von Karajan mit den Wiener Philharmonikern, Nana Mouskouri – und natürlich der große griechische Komponist und Dirigent Mikis Theodorakis. Aber ich wusste bei meinem Spaziergang noch nicht, für welchen Anlass hier Pulte und Stühle auf die Bühne getragen wurden.

Nun saß ich also unten, auf einem privilegierten Platz, und freute mich auf ein großes musikalisches Ereignis. So aufregend der Blick nach vorn sein mochte, er verblasste gegen das, was ich sah, als ich mich umwandte. Da saßen dicht gedrängt mehr als fünftausend Menschen auf den steil ansteigenden Tribünen. Eine Menschenmauer aus lebendiger Erwartung. Still war es nicht. Im Gegenteil: Die Theaterkulisse verstärkte das Stimmengewirr der fröhlich plaudernden Menge zu einer eindrucksvollen Klangmasse.

Applaus brandete auf, als Metropolit Hilarion, mit Bischofsstab und weißem Klobuk, feierlich hereinschritt und, ebenfalls in der ersten Reihe, Platz nahm. Ihm folgte Mikis Theodorakis, der weit über Griechenland hinaus bekannte Schöpfer von Liedern, Oratorien, Orchesterwerken und Filmmusiken. Wer sonst nichts von ihm weiß, kennt ihn als den Komponisten des Sirtaki aus „Alexis Sorbas“. Viele seiner Kompositionen sind zur Volksmusik geworden. Er hat mit seinen Melodien sein Land und seine Landsleute nicht nur beschrieben, sondern ihnen auch eine neue Stimme gegeben.

Der Applaus wurde zum Jubel, als man Theodorakis zu seinem Platz brachte. Der ungewöhnlich hochgewachsene Mann brauchte beim Gehen Unterstützung; die Beine wollen nicht mehr. Im Bürgerkrieg hat man ihm im Zuge schwerer Folter auf der Insel Makronisos unter anderem ein Knie gebrochen. Aber sein altersmildes Gesicht war geziert von einem zauberhaften Lächeln. Ich sah ihn nah vor mir und empfand – neben der Erregung, die es mit sich bringt, wenn man zum ersten Mal einem Menschen begegnet, von dem man über Jahrzehnte immer nur gehört hat – auch etwas wie die Melancholie der verfließenden Zeit. Seit ich Mitte der Siebzigerjahre den Film „Z“ gesehen und zum ersten Mal Filmmusik bewusst wahrgenommen hatte, war mir der Name dieses Mannes ein Begriff. Jetzt war er 87, und ich war zum ersten Mal in seiner Nähe.

Metropolit Hilarion Alfeevs geistliche Kompositionen sind sehr eindrucksvoll. Chor und Orchester taten an diesem Abend ihr Bestes, um der russischen Musik griechisches Leben einzuhauchen. Applaus und gute Laune in der Pause waren garantiert. Aber was der Gast aus Wien nur ahnen konnte, wussten die Griechen ganz genau: Jetzt, in der zweiten Hälfte, würde es erst richtig losgehen.

Ein altes Werk gewinnt neue Bedeutung

Mikis Theodorakis verbindet in seiner Musik verschiedene Elemente. 1960 ließ er seine Karriere als klassischer Musiker (und „neuer Strawinsky") nach einem Studium bei Olivier Messiaen in Paris hinter sich und wandte sich wieder der griechischen Musik zu, die er mit seiner kompositorischen Erfahrung in Beziehung setzte. In seinem Oratorium „To Axion Esti", „Gepriesen sei", verbinden sich klassische Elemente mit griechischer Folklore, die Bass-Stimme des Kantors mit der des Rembetiko-Sängers, das Streichorchester mit den Klängen der Bouzouki und anderen Instrumenten der griechischen Volksmusik. All das fand ich freilich erst später heraus, als ich mich – begeistert von der Kraft dieses Abends – im Internet kundig machte.

Zu später Stunde fanden sich also Orchestermusiker, Chor und Solisten wieder auf der Bühne ein, um nach der musikalischen Vorspeise aus Russland das griechische Filetstück zu servieren. „To Axion Esti" beginnt mit schweren, dramatischen Klängen. Der Chor meldet sich zu Wort, der Bass erzählt schwerblütig von der Schöpfung (der weltbekannte Bassist Dimitris Kavrakos legte sich so ins Zeug, dass ihm – so etwas sieht man nur in der ersten Reihe – Theodorakis heimlich bedeutete, sich etwas zurückzunehmen). Ein Schauspieler las eine Textpassage – und zwar so intensiv, dass sie mich, den völlig sprachunkundigen Ausländer, dennoch nicht unberührt ließ. Dann, nach einer leichten Verzögerung im Übergang, schuf sich ein fester, volkstümlicher Rhythmus Gehör. Mario Frangoulis, ein nicht nur in Griechenland bekannter Sänger, stimmte eines der Lieder an, die „To Axion Esti" so bekannt gemacht haben. Und genau darauf hatten gut fünftausend Menschen gewartet.

Obwohl als Solist engagiert, hatte Frangoulis keinen einzigen Ton allein zu singen, denn das Publikum sang aus voller Kehle mit. Frauen und Männer, Alte und Junge – sie alle kannten die Texte auswendig.

Und dabei handelt es sich bei diesen Texten um keineswegs einfache Lektüre. Sie stammen von einem Großen der griechischen Literatur, dem Nobelpreisträger Odysseas Elytis. Wenn man sie kennt, versteht man noch besser, dass dieses Konzert mit Bedacht stattfand und – wie mir eine Musikerin bestätigte – genau zur richtigen Zeit.

Denn das Oratorium, das Schöpfung und Passion zum Thema hat, enthält Gedichte und Lieder, die vom Standhalten in schweren Zeiten erzählen, von Widerstand und Überwindung. Sätze wie diese waren es, die Mario Frangoulis sang, und fünftausend mit ihm:

Nur eine einzige Schwalbe – der Frühling, er kostet viel.
Dass wieder Sonne zurückkehrt, viel Mühe verströmen will.
Dass Sonnenräder sich drehen, ist nötig der Toten Flut.
Die Lebenden sind notwendig, die geben ihr Opferblut.

Oder, in einer freieren Übersetzung:
„Nur diese eine Schwalbe kündigt den Sommer an,
Stürme werden noch kommen, ehe er aufgehen kann.
Stürme und Fröste und Opfer im geschundenen Land –
nötig wie Nahrung ist uns dennoch der Widerstand.“

Und später heißt es im Gedicht:
„Als mein Gott die Erde schuf, sah man ihn durch den Flieder weh'n.
Als mein Gott die Erde schuf, nahte das große Aufersteh'n.“

Auch mir, dem Ausländer, blieb nicht verborgen, was hier geschah: Hier feierten Griechen ihr Land und ihre Existenz, hier sangen sie an gegen die verdammte Finanzkrise, die sich wie ein schwerer Schatten auf alles gelegt hatte. Es tat ihnen gut, die alten, Volksgut gewordenen Worte und Melodien wieder zu hören und wieder zu singen. Eine Botschaft schwang mit: Wir haben Schweres überwunden. Wir werden es auch diesmal schaffen.

Nach einem der Lieder, die Mario Frangoulis und mit ihm das ganze Theater samt den Streichern und dem Dirigenten gesungen hatten, nachdem der Applaus verklungen war, um dem nächsten Stück Raum zu geben, rief ein Mann ein Wort in die Stille, dessen Bedeutung an dieser Stelle die Griechen schneller verstanden als ihre Gäste aus Moskau und Wien: „Eleftheria“, „Freiheit“! Viele lachten, andere schmunzelten, alle wussten, worauf sich dieser Ruf bezog.

Es war eine Erinnerung an den 10. Oktober 1974, als Mikis Theodorakis im Karaiskakis-Stadion von Athen das erste Konzert nach dem Ende der siebeneinhalbjährigen Militärdiktatur gab. Auch damals wurden Lieder aus „To Axion Esti" gesungen. In einem deutschen Fernsehbericht über dieses Konzert spricht ein Mann aus dem Publikum hoffnungsfrohe Worte in die Kamera: „In den siebeneinhalb Jahren der Diktatur waren die Lieder von Theodorakis ein ganz wesentliches Element unserer Kampfbereitschaft. Und jedes seiner Lieder bedeutete für uns eine Bombe in den Fundamenten der Diktatur. Heute, da wir diese Lieder frei hören und singen können, lässt sich sagen, dass das der erste Schritt zur Demokratie ist."

Musik, sagt Mikis Theodorakis oft, muss zum Nachdenken führen, zum Wunsch nach einem schöneren Leben. An diesem Abend, als sich Tausende Griechinnen und Griechen am Fuß der Akropolis ihrer Musik, ihrer Geschichte und ihres Freiheitswillens besannen, fühlte es sich an, als wäre für einen langen Moment alles gut.

2. ÄGINAS WELLEN, EIN KORINTHISCHER KÖNIG UND DIE KLAGE EINER ALTEN FRAU

Die Rezession, die Depression, die Krise. Das sind ursprünglich Phänomene der Großstadt. Von dort nehmen sie ihren Verlauf, von dort breiten sie sich aus. Auf den Inseln, an denen Griechenland so reich ist, geht die Zeit immer noch ein wenig anders. Das Meer hat seinen eigenen Rhythmus; der Termindruck der Großstadt löst sich schnell auf im berühmten Inselgefühl. Die Gezeiten, der lange Atem der großen Meere, das leichte Vor und Zurück des Wassers, das Aus- und Einlaufen der Fischerboote und Fährschiffe hat schon so manchen kurzsichtig und atemlos Gewordenen zurückgeholt in größere Zusammenhänge.

Am Anfang, erzählt mir ein Grieche, der das Land viel bereist, war auf vielen Inseln die Krise nur etwas, das man aus den Medien kannte. Mittlerweile freilich erfährt man sie auch dort am eigenen Leib. Ausgerechnet auf einer Insel erfahre ich zum ersten Mal aus erster Hand, was die Krise für die Menschen bedeutet.

Diese Insel heißt Ägina und bietet eine schnelle Möglichkeit, dem Athener Großstadtgetriebe zu entkommen. Wenig mehr als eine Stunde dauert die Überfahrt von Piräus. Ägina gehört zu den Saronischen Inseln und ist für seine vorzüglichen Pistazien bekannt. Das alles wissen Athenerinnen und Athener natürlich sehr gut. Aber nicht alle wissen den Namen der Insel zu deuten. Ägina war eine Nymphe. Die schöne Tochter des Flussgottes Asopos erregte – wahrlich kein Einzelschicksal – die Aufmerksamkeit des Göttervaters Zeus. Dieser verwandelte sich in einen Adler und entführte das Objekt seiner Begierde auf die Insel Oenone oder Oenopia, die seither eben Ägina heißt. Der König von Korinth aber, der den Raub beobachtet hatte, verriet die Sache dem

Asopos, zog gegen den Obersten der Götter zu Felde und stahl Ägina zurück. Als Antwort darauf sandte ihm Zeus Thanatos, den Totengott. Er musste sterben.

Doch der König von Korinth dachte nicht daran aufzugeben. Er bat Hades, den Hüter der Unterwelt, noch einmal auf die Erde zurückkehren zu dürfen. Seine Gattin, gab er vor, habe vergessen, die Totengebete zu verrichten, er müsse sie daher an ihre Pflicht erinnern. Man gewährte es ihm. Doch der König vergaß nun seinerseits nicht nur die Totengebete, sondern überhaupt das Tot-Sein und lebte weiter in Saus und Braus – bis ihn der Zorn der Götter endgültig in die Unterwelt warf.

Ein Mythos, heißt es, erzählt etwas, das nie geschehen ist, aber immer geschieht. Er ist eine alte Geschichte – stets bereit, neu gelesen und verstanden zu werden.

Der Name des Königs lautet Sisyphos oder Sisyphus und die Strafe, die die Götter für ihn erfanden, ist als „Sisyphusarbeit" bis heute ein Begriff. Sisyphos hatte das Leben genossen. Er hatte, um es in einer derzeit sehr aktuellen Formulierung zu sagen, „über seine Verhältnisse gelebt" und sich mit großer Dreistigkeit dem Willen der Götter widersetzt. Deren Rache folgte auf dem Fuß. Aus dem strahlenden König wurde ein bedauernswerter Sklave, für immer gekettet an eine sinnlose Aufgabe. Nichts weniger als die Strafe ewiger Vergeblichkeit schien den beleidigten Überirdischen angemessen. Denn von nun an musste – und muss – Sisyphos täglich einen schweren Felsbrocken auf einen steilen Berg rollen. Seine Anstrengung aber wird immer mit einem absurden Höhepunkt belohnt: Der Stein auf dem Gipfel, Frucht schwerster Anstrengung, rollt und stürzt und kracht unweigerlich wieder in den Abgrund.

Ein deutscher Pastor in Athen, mit dem ich im Dezember 2012 über die Lage spreche, hält die Hoffnungs- und Perspektivenlosigkeit für das Schlimmste. Viele seiner Bekannten – darunter viele Familien, die in zwei Jahren bis zur Hälfte ihres Einkommens verloren haben, sagten sich: „Wir machen doch alles, was uns aufgetragen wird, wir sparen, wir schnallen den Gürtel enger. Aber je mehr wir uns anstrengen, desto mehr stagniert die Wirtschaft, desto mehr steigt die Arbeitslosigkeit. Wir wissen nicht, wie es weitergehen soll."

Sisyphos lässt grüßen. Jedes Mal, wenn unter großer Anstrengung ein neues Sparpaket auf den Berg gerollt worden ist, fällt der Stein, und die Misere ist, was sie war. Mehr noch: Sie wächst. Der Fels trifft unten Menschen und zerstört Existenzen. Dann sind wieder ein paar Tausend mehr ohne Arbeit, ohne Einkommen, ohne Gesundheitsversorgung.

Kenner der altgriechischen Mythologie sagen, Sisyphos sei ein Symbol für das Wasser, das kommt und geht, errichtet und zerstört, heraufquillt und versiegt. Das Auf und Ab des toten Königs erinnert an die Gezeiten oder an die ans Ufer laufenden Wellen. Wie das Meer an den Strand zieht, ohne ihn zu bezwingen, so zieht der Mann mit seinem Stein auf den Berg und muss zurück, und alles beginnt von neuem.

Einführungen in die griechische Mythologie werden als leicht lesbare Hefte an Zeitungskiosken angeboten. Aber „Mythos", das ist im modernen Griechenland vor allem eine Biermarke mit hoher Reputation. Die Betroffenen geben sich mit einer mythologischen Interpretation ihrer Krisenlage nicht zufrieden. Dazu ist sie zu nah, zu wahr, zu schmerzhaft. Dennoch: Die alte Mythologie ist nicht tot. Auf eine „Odyssee" stimmte Ministerpräsident Giorgios Papandreou seine Landsleute ein, als er ihnen mitteilte, er würde die Hilfe von EU und Währungsfonds beantragen – eine abenteuerliche und gefahrvolle Reise zurück ins heimatliche Ithaka, das eigentlich nur Odysseus erreichte. Die Geschichten von damals erzählen auch ins Heute und bieten manchen Schlüssel zum Verständnis dessen, was vor sich geht.

Ein Teufelskreis und kein Entkommen. Und hoffentlich fließt kein Blut

In einer Kirche auf Ägina verrichtet eine gebürtige Schweizerin ihren Dienst. Der Vorname, mit dem sie sich vorstellt, passt denn auch besser in die Schweizer Berge als an die Strände des Meeres: Heidi. Aber sie ist längst Griechin geworden. Sie hat einen Griechen geheiratet und lebt seit bald vierzig Jahren in Griechenland. Die heute 72-Jährige ist immer da, hält die Kirche offen, sorgt für Ordnung und Sauberkeit. Sie ist die erste Ansprechperson für alle, die mit einem Anliegen in die Kirche kommen oder auch einfach nur reden wollen. Zu denen gehöre ich.

Ein Freundin hat mir Heidi vorgestellt. Nach kurzem Small Talk kommen wir schnell zum Thema. „Was die sich immer ausdenken", sagt Heidi und schüttelt den Kopf. „Was die sich immer ausdenken, das kann man sich kaum vorstellen. Immer mehr Steuern. Steuern für das, Steuern für dieses – teuflisch. Und die Leute wissen nicht mehr, wie sie das bezahlen sollen." Sie schaut mich herausfordernd an, als sollte ich eine Antwort parat haben. Sie erzählt von Medikamenten, die es plötzlich nicht mehr gibt, sodass begonnene Therapien unterbrochen werden müssen. Und von anderen Arzneien, die man nicht mehr auf Kassenkosten verschrieben bekomme, weil sie zu teuer seien. „Was aber tut man als alter Mensch, wenn man sie braucht? Man kauft sie." Und die Pensionen? „Werden gekürzt, gekürzt, gekürzt!" Sie geht ein paar Schritte zurück, wie um sich ein wenig zu erholen. Das alles sei auf jeden Fall ein Teufelskreis, aus dem man nicht herauskönne – „wie eine Katze im Wollkorb". Die Leute in ihrer Umgebung lebten „praktisch unter dem Existenzminimum. Irgendwie wurschteln wir uns durch."

Und dann die vielen Selbstmorde. Kein Wunder. Jeder Dritte, habe sie gehört, habe keine Arbeit. „Ein paar Monate lang kriegen die eine Rente, aber dann stehen sie da." Nein, zum Glück habe sie selbst noch niemanden persönlich gekannt, der sich umgebracht habe. „Hier nicht, auf der Insel nicht." In Athen, erzählt sie weiter, gäbe es ganze Straßenzüge mit geschlossenen Geschäften. „Das ist doch logisch: Wenn die Renten immer geringer werden, wenn einer arbeitslos ist oder alle beide – dann können die nicht mehr einkaufen, was sie wollen." Die Lage sei schlimm, sehr schlimm. Ob sie da nicht manchmal daran denke, in die Schweiz zurückzukehren? „Nein", sagt sie. „Ich habe hier meine Familie. Und außerdem: Was mache ich in meinem Alter in der Schweiz? Die Augen kann ich auch hier zumachen."

Unser im Stehen geführtes Gespräch wird unterbrochen, als ein Mann in die Kirche kommt. Er grüßt, wechselt mit Frau Heidi ein paar Worte und stellt sich – etwas unsicher – vor eine Ikone, um sie zu küssen und sich zu bekreuzigen. Dann gibt er der Frau einen Nylonsack mit leeren Plastikbehältern und nimmt von ihr eine neue Essensration entgegen. Noch ein kleiner Umweg zu einer anderen Ikone, dann ist er wieder weg.

Oft werde die Kirche kritisiert. Sie sei angeblich reich und könne, wenn sie wolle, die Menschen viel mehr unterstützen. Das lässt Frau Heidi nicht gelten. „Die Kirche hilft, wo sie kann", sagt sie. „Sie hängt es nur nicht an die große Glocke." Überhaupt scheint ihr, der Herrgott könnte bei der Krise die Hand im Spiel haben. „Vielleicht hat Gott das vorausgesehen und die Krise gemacht, damit die Leute ein wenig kürzertreten? Dann kommen sie langsam zurück." Allerdings: Dieser Prozess der Rückkehr zu Glaube und Kirche geht ihr etwas zu langsam vonstatten. „Die Leute haben noch nicht verstanden, dass sie irgendwo einen Halt brauche. Wenn sie den nicht haben, dann kommt ein Problem nach dem anderen."

Wie wird das alles weitergehen? „Ungewiss", sagt Frau Heidi. „Wenn nur kein Blut fließt!" Gewalttätige Auseinandersetzungen sind das Letzte, was sie sich wünscht. Aber eigentlich kann sie sich nicht erklären, warum nicht lauter protestiert wird: „Im Grunde reagiert keiner. Die Leute sind wie betäubt." Was bleibt also übrig? Kürzertreten, kürzertreten. „Es steht nirgendwo geschrieben, dass man jeden Sonntag Fleisch essen muss." Und die Männer, die so gerne ins Kaffeehaus gingen, müssten eben lernen, darauf zu verzichten.

Wieder eine Unterbrechung. Sie muss in einen Nebenraum, um einen Anruf entgegenzunehmen. Als sie zurückkommt, überrascht sie mich mit einer politischen Deutung der Krise, die ganz ohne Gott auskommt: „Was in der Erde drinnen ist: Die großen Gesellschaften, die großen Mächte möchten es haben, und dann fangen sie so etwas an." Sie verweist auf den Iran und den Irak: „Geht es nicht dort auch eigentlich um Öl?" Allerdings habe sie gehört, dass man auch in Griechenland selbst „von Regierung zu Regierung etwas vermasselt" und wichtige Tatsachen nicht zur Kenntnis genommen habe. „Und das ging dann immer so weiter, und dann konnten sie nicht mehr zurückzahlen. Keine Ahnung, aber irgendeine Wahrheit wird wohl dahinterstehen." Nein, zum Kaffee lässt sie sich lieber nicht einladen. Dafür hat sie zu viel zu tun. Als wir uns schon verabschiedet haben, kommt sie noch einmal auf die Politik zu sprechen:

„Die Politik, wissen Sie, ist wie das Meer. Seine Wellen kommen und gehen zurück und kommen wieder."

Da ist am Ende die Insulanerin aus den Schweizer Bergen bei einer Wasser-, Meeres- und Inselmetapher gelandet. Ich trete aus dem Kirchendunkel in die Inselsonne. Die Hafenpromenade liegt vor mir, ruhig wie zuvor. Natürlich habe ich von der Krise gelesen. Aber jetzt beginne ich zu begreifen, dass strahlende Sonne, blaues Meer und aromatische Pistazien tatsächlich nicht die ganze Wahrheit sind. Noch oft werde ich auf die eine oder andere Weise hören, was mir Frau Heidi erzählt hat. Nicht jede Wiederholung ist vergeblich. Wie das Gehen und Wiederkommen der Wellen braucht auch ein offenes Ohr bisweilen Wiederholung um Wiederholung, bis es die ganze Dimension dessen zu ahnen beginnt, was es gehört hat.

3. „ELEFTHERIA!" EIN ALTER KÄMPFER RUFT ZUM WIDERSTAND

Der Komponist, Sänger, Dichter und spätere Politiker, dem ich den spannenden September-Konzertabend am Fuß des Akropolis-Hügels verdanke, veröffentlichte einige Monate später, im Februar 2013, einen „Brief an die internationale öffentliche Meinung", der an Bitterkeit kaum zu übertreffen ist. „Es gibt eine internationale Verschwörung zur Zerstörung meines Landes", schreibt der 87-Jährige. Nach Angriffen auf die Kultur und nationale Identität seit 1975, so Theodorakis, „versuchen (sie) jetzt, uns mit Arbeitslosigkeit, Hunger und Verelendung auch biologisch auszulöschen. Wenn sich das griechische Volk nicht vereint erhebt, um sie aufzuhalten, ist die Gefahr der Auslöschung Griechenlands existent. Ich rechne mit ihr in den nächsten zehn Jahren." Dann, mit dem düsteren Pathos des einstigen Kämpfers: „Von uns werden nur das Andenken an unsere Zivilisation und unsere Kämpfe für die Freiheit bleiben."

Bis 2009, argumentiert Theodorakis, habe es in Griechenland kein großes wirtschaftliches Problem gegeben – mit Ausnahme von zwei „Wunden": dem übermäßigen Ankauf von Kriegsmaterial und der Korruption. Für beide „Wunden" aber seien Ausländer (vor allem Deutsche und Franzosen) mitverantwortlich, denn sie haben an der griechischen Aufrüstung gut verdient und seien auch in große griechische Korruptionsskandale verwickelt. (In keinem Gespräch über Korruption bleibt der Hinweis darauf aus, dass zum Beispiel der spektakulärste Bestechungsfall der jüngeren Geschichte von der deutschen Firma Siemens ausging.)

Im Fall der Rüstungsgüter hätten, so Theodorakis, die Lieferstaaten sogar doppelt verdient: einmal durch den Absatz ihrer Waffen, zum anderen durch Zinsen für Kredite, die für die Waffendeals notwendig wurden. Als im Gefolge der von den USA ausgehenden Weltwirtschaftskrise auch die griechische

Staatsverschuldung stark anstieg, hätte man dies leicht bewältigen können, meint Theodorakis. Allerdings hätten Premierminister Giorgios Papandreou und sein Finanzminister eine Kampagne gestartet, „bei der sie die Ausländer zu überzeugen versuchten, dass Griechenland eine vor dem Untergang stehende Titanic ist, dass die Griechen korrupt, faul und folglich unfähig sind, den Bedürfnissen des Landes zu begegnen". Die Folge dieser Erklärungen sei gewesen, dass die Zinssätze tatsächlich stiegen. Das im Mai 2010 mit der Troika aus EU-Kommission, Europäischer Zentralbank und Internationalem Währungsfonds zur Rettung Griechenlands vor dem Staatsbankrott ausgehandelte erste Memorandum sieht Theodorakis als „völlige Unterwerfung unter unsere Gläubiger". Damit hätten die Griechen ihre nationale Eigenständigkeit und ihr Staatsvermögen an Ausländer abgetreten: „Häfen, Flughäfen, Straßennetze, Elektrizität, Wasserversorgung, Bodenschätze unter der Erde und unter dem Meer. – Und sogar unsere historischen Monumente wie Akropolis, Delphi, Olympia, Epidaurus usw." – Letzteres, der Verkauf oder zumindest die Verpachtung historischer Stätten, wurde mancherorts tatsächlich erwogen.

Die Troika, so Theodorakis weiter, erlege vor allem mittleren und unteren Gesellschaftsschichten Steuern auf, die „direkt in den Hunger führen". Und dann kommt die Assoziation, die auf den Straßen und in den Kafenions so oft zu hören ist: „Eine allgemeine Hungersituation hatten wir zu Beginn der deutschen Besatzung 1941 mit 300.000 Toten in einem Zeitraum von sechs Monaten. Das damalige Schreckgespenst des Hungers kehrt in unser verleumdetes und unglückliches Land zurück."

Natürlich kann sich der alte Kämpfer Theodorakis, der in jungen Jahren als Kommunist in der „griechischen Volksbefreiungsarmee" ELAS gekämpft hat, keine andere Lösung vorstellen, als wie schon so oft den Kampf aufzunehmen und Widerstand zu leisten. „Auch damals schlugen sie grundlos auf uns ein; wir antworteten mit Solidarität und Widerstand und überlebten. Genau dasselbe tun wir auch heute – in der Gewissheit, dass der endgültige Sieger das griechische Volk sein wird." Dieses griechische Volk solle sich zu einer „riesigen Front des Widerstands und der Solidarität" vereinen, damit die Troika (IWF, EZB und EU-Kommission) aus dem Land vertrieben werden könne, fordert Theodorakis.

Der große Musiker Mikis Theodorakis steht mit seiner Einschätzung sicher nicht allein da, auch wenn es nach dem großen heroischen Kampf, den er sich wünscht, derzeit nicht aussieht. Die Konsequenz, die er zieht – Theodorakis empfiehlt seinem Land, „radikal den Kurs zu wechseln und sich Russland zuzuwenden" –, löst auch bei vielen seiner Freunde Betretenheit aus. (Vielleicht ist dieser Gedanke auch weniger von der Realität der russischen Föderation unter Vladimir Putin befeuert als von alten Träumen. Schon im 18. Jahrhundert hofften die unter osmanischer Hoheit lebenden Griechen auf ein Volk, das aus Moskau kommen werde, um sie zu befreien.)

Trotzdem: Der Brief ist ein Dokument, das man nicht achtlos beiseitelegen sollte, denn er gewährt einen tiefen Blick in das, was die finanzielle Katastrophe samt der von außen diktierten Sparanstrengungen in den Seelen anrichten kann. Er ist der Aufschrei eines alten Mannes, der es nicht ertragen kann, seine Landsleute schon wieder leiden zu sehen. In seiner Autobiografie „Die Wege des Erzengels" erzählt er, dass während des Zweiten Weltkrieges Schüler seiner Klasse vor Hunger ohnmächtig wurden. Über solche Fälle berichten Zeitungen nun auch aus dem gegenwärtigen Griechenland.

Aber das Dokument ist wohl auch getragen von der Sehnsucht nach einer Zeit, in der der Gegner klar definiert, der Kampf eindeutig und das Ziel klar fassbar waren. „Eleftheria", der Ruf, der im September 2012 das große Theodorakis-Konzert unterbrach, schlägt die Brücke nicht nur zurück in den Befreiungskampf gegen die Militärdiktatur, sondern noch viel weiter, in die Zeit der Entstehung des modernen Griechenland, das den osmanischen Besatzern abgetrotzt werden musste.

Freiheit oder Tod. Vom deutschen König bis zur deutschen Wehrmacht

„Eleftheria i thanatos", „Freiheit oder Tod" hieß die Losung, als sich griechische Verbände 1821 gegen ihre osmanischen Herrscher erhoben. Dieser Ruf gehört so wesentlich zu Griechenland, dass man sagt, er sei auch in der griechischen Flagge symbolisiert: Die neun blauen und weißen Streifen entsprechen seinen neun Silben E-LEF-THE-RI-A I THA-NA-TOS. Die große Freiheit ist es aber dann doch nicht geworden. Die Aufständischen waren unter sich zerstritten, ihre Auseinandersetzungen reichten bis hin zum Bürgerkrieg. Militärisch gerieten sie nach anfänglichen Erfolgen in Bedrängnis. Erst das Eingreifen europäischer Großmächte beendete den Krieg 1827 mit der entscheidenden Schlacht von Navaríno. Diese Großmächte – England, Russland und Frankreich – sorgten für ein am Ende recht konservatives Ergebnis des Unabhängigkeitskampfes. Nach der Ermordung des ersten Staatsoberhauptes im neuen Griechenland, Ioannis Kapodistrias, bestimmten sie Griechenland zur Erbmonarchie. Den Vertrag, der das verfügte, durften die Griechen nicht einmal mitunterschreiben. Aus Deutschland kam der Regent. Der erst 17-jährige Prinz Otto von Bayern, auf Schloss Mirabell in Salzburg geboren, wurde König von Griechenland. In seinem Reich lebten allerdings weniger als ein Drittel der Griechen, die zur Zeit des Kriegsausbruches Untertanen im Osmanischen Reich gewesen waren. Die schwere Aufgabe der Errichtung des Staates und der Bildung einer Nation stand erst noch bevor.

Otto oder „Othon", wie er in Griechenland hieß, hinterließ bis heute sichtbare Spuren im Land. Das heutige Parlamentsgebäude – in Zeiten der Krisenberichterstattung ein besonders häufiges Fernsehmotiv – war sein Stadtschloss. Der angrenzende Schlossgarten ist ein wahres Geschenk an die Stadt, die trotz der sommerlichen Gluthitze nur wenige Grünflächen hat. Auch die Evzonen, Wachsoldaten in historischer Gewandung, die vor dem Parlament das Grabmal des unbekannten Soldaten ehren und täglich Hunderte von Touristenkameras freudig klicken lassen, gehen auf König Othon zurück. Die bayrische Herrschaft schuf ein brauchbares Justizwesen, brachte Architekten ins Land und gab die Kunst des Bierbrauens an die Griechen weiter. Auch das griechische Staatskirchenrecht geht in Grundzügen auf Otto zurück. Aber der bayrische König und seine Entourage verstanden wenig von der Freiheitssehnsucht seiner Untertanen; Ottos Herrschaftsideal war der Absolutismus. Dabei zeigte er sich zwar begeistert vom antiken Erbe. Er wählte das damals unscheinbare und nur vom Ruhm der Vergangenheit lebende Athen zur Hauptstadt. Die offizielle Begrüßungszeremonie fand vor dem Hephaistos-Tempel über der Agora statt. Der Tempel war im 7. Jahrhundert zu einer Kirche umfunktioniert worden und diente als Begräbnisstätte für Protestanten und philhellenische Kämpfer des Unabhängigkeitskrieges. An griechischen Traditionen der Gegenwart war der junge König aber weniger interessiert. Institutionen und Rechtsnormen wurden nach westlichen Vorbildern geschaffen. Dass der König nicht zur orthodoxen Kirche konvertierte, sondern katholisch blieb, machte ihn nicht beliebter.

Der Name des zentralen Platzes vor dem heutigen Parlament verweist auf die Spannungen zwischen dem König und seinem Volk. Nach der Überlieferung ritten in einer Septembernacht des Jahres 1843 Generäle mit ihrem Gefolge vor Ottos Schloss hin und her und riefen lautstark nach einer Verfassung. Der König, so die Legende, öffnete das Fenster und willigte ein. Tatsächlich erhielt Griechenland 1844 eine Verfassung. Der Platz vor dem Schloss und heutigen Parlament heißt daher Verfassungs-Platz, griechisch: Syntagma. König Otto musste 1862 – nach einem neuerlichen Aufstand des Militärs – abdanken und zog sich nach Bayern zurück. Georg I. aus dem Hause Schleswig-Holstein-Sonderberg-Glücksburg folgte ihm auf dem Thron. Die Monarchie überlebte – mit Unterbrechungen bis 1973 und wurde wenig später per Volksentscheid endgültig abgeschafft, der Streit zwischen Monarchisten und Republikanern ist bisweilen heute noch nicht überwunden.

Der britische Historiker Richard Clogg ortet schon damals Erscheinungen, die heute im Zusammenhang mit der Finanzkrise diskutiert werden. In den 1850er-Jahren, schreibt er in seiner informativen „konzisen Geschichte Griechenlands", sei eine junge Generation jener Politiker überdrüssig geworden, die rücksichtslos nach Ämtern gierten, um den Staat als den bei weitem größten Arbeitgeber des Landes kontrollieren zu können und sich ihrer jeweiligen Wahlklientel plus zugehörigen erweiterten Familien erkenntlich zu zeigen. Auch finanzielle Schwierigkeiten waren bald an der Tagesordnung. Schon 1893 konnte Griechenland die angehäuften Schulden nicht mehr bedienen und war faktisch bankrott.

Der griechische Befreiungskampf beflügelte in Westeuropa die Fantasien der Philhellenen, jener Schöngeister, die sich durch die Unterstützung der griechischen Sache Kontakt zur von ihnen verehrten Antike erhofften. Sie kamen ins Land, kämpften bisweilen sogar selbst Seite an Seite mit den „Hellenen". Lord Byron etwa, der britische Dichter, übernahm 1823 ein militärisches Kommando – und starb bald darauf wenig heldenhaft an einer banalen Verkühlung. Die Griechen selbst wurden auf ihr großes Erbe aufmerksam, als sie ab dem späten 19. Jahrhundert begannen, in ganz Europa Handelsniederlassungen zu gründen und an deutschen, französischen oder englischen Universitäten zu studieren. Das Projekt der „Katharevousa", einer von türkischen Begriffen und volkssprachlichen Wendungen gereinigten Schulsprache, sollte die Hellenen ihren Wurzeln näherbringen. Bis 1976 war sie griechische Amtssprache. Die Unterschiede zur tatsächlich gesprochenen „Dimotiki" sind so gravierend, dass sich junge Menschen heute schwertun, in Katharevousa geschriebene alte Texte zu lesen.

Doch die Griechenbegeisterung hatte auch eine Kehrseite. Die südeuropäischen

Freiheitskämpfer sahen neben den hellenischen Helden der Antike klein und irdisch aus; mit den aus Farben der Fantasie gemalten Männern wie Perikles oder Aristoteles, Theseus oder Achill konnten sie nicht mithalten. Zudem wich ihre Sprache deutlich von dem ab, was man in den Altgriechisch-Seminaren gelernt hatte. Einige Kämpfer sprachen überhaupt kein Griechisch, sondern albanische Dialekte. Der Südtiroler Orientalist Jakob Philipp Fallmerayer lieferte die Erklärung zur Enttäuschung. Er behauptete, die antiken Griechen seien bereits im Mittelalter ausgestorben. Die Neugriechen seien lediglich Nachkommen gräzisierter, also heute griechisch sprechender Slawen und Albaner. In ihren Adern fließe kein Tropfen „ungemischtes Hellenenblut". Das war – abgesehen vom Missverständnis der rassischen Blut-Fiktion – natürlich alles andere als freundlich gemeint und nebenbei auch eine Verunglimpfung der angesprochenen Balkanvölker. So tief Stereotype ins Unbewusste und in die Vergangenheit gesunken sein mögen, sie tauchen im Anlassfall schnell wieder auf. Gehässige Pressekommentare über den zweifelhaften Charakter der „Pleitegriechen" haben das nur allzu deutlich gemacht.

Es sollte übrigens Jahrzehnte dauern, bis das Territorium des griechischen Staates auf seine heutige Größe angewachsen war. So konnte die Insel Kreta erst vor 100 Jahren, 1913, an Griechenland angeschlossen werden. Aus Kreta, das vor dem Anschluss an Griechenland eine Zeit der Autonomie erlebte, stammt der charismatische Politiker Eleftherios Venizelos. Er wurde später mehrfach griechischer Ministerpräsident und trug viel zur Modernisierung des Landes bei. Parteienzank, die nach verlorener Schlacht gescheiterte „große Idee" eines bis Byzanz reichenden Griechenland sowie schwere Konflikte zwischen Venizelos und dem Königshaus spalteten das Land in Venizelisten und Anti-Venizelisten – ein „nationales Schisma" mit weitreichenden Folgen, das der Machtübernahme durch ein autoritäres Regime Vorschub leistete. Mikis Theodorakis hat übrigens eine frühe Erinnerung an den großen Politiker, der eines Tages bei Vater Theodorakis, einem Staatsbeamten, auf Kreta zu Besuch war. Venizelos nahm den kleinen Mikis auf den Schoß – und zwar nur kurz, denn der kleine Mikis machte sich und dem prominenten Gast die Hosen nass. 1909, als Venizelos zum ersten Mal Ministerpräsident geworden war, schneiderte Theodorakis' Großvater ihm den Anzug. Zwischen den beiden kam es allerdings zum Bruch, weil Venizelos-Anhänger einen Neffen des Großvaters umbrachten. Die Politik, speziell die eines kleinen Landes, hat immer auch mit Familiengeschichten zu tun.

Im Zweiten Weltkrieg war es kein Demokrat, sondern der faschistische Diktator und General Ioannis Metaxas, der sich mit einem „Ochi", „Nein", einem Ultimatum Mussolinis widersetzte. Das bewirkte eine seltene nationale Einmütigkeit, die aber die darauffolgende Besetzung Griechenlands durch italienische und deutsche Truppen nicht verhindern konnte. Die Besatzungszeit wurde zur Katastrophe für das Land. Ortsnamen wie Kalávryta oder Dístomo stehen stellvertretend für mehr als hundert schwere Kriegsverbrechen der deutschen Armee, die Massaker an der Zivilbevölkerung verübte. Athen erinnert sich bis heute vor allem an den Hungerwinter von 1941–42, in dem der Tod grausame Ernte hielt. Später halfen England und das Rote Kreuz, das Schlimmste zu verhindern. Die Lage blieb aber bis zum Abzug der Deutschen 1944 sehr gespannt. Denn zum Mangel an Lebensmitteln kam eine Hyperinflation.

Die ersten deutschen Touristen, die in den Fünfzigerjahren nach Griechenland kamen, hatten, wie Eberhard Rondholz in seinem lesenswerten „Länderporträt Griechenland" aufzeigt, ausgerechnet die Gewalt aussparenden und von Pathos triefenden Beschreibungen eines Nazi-Militärs, des Unteroffiziers Erhart Kästner, im Gepäck. Dass die vorwiegend jungen Deutschen damals, wie Rondholz schildert, durchaus freundlich und ohne Vorbehalte empfangen wurden, überrascht und stellt nicht nur der vielzitierten Gastfreundschaft der Griechen, sondern auch ihrer Versöhnungsbereitschaft das beste Zeugnis aus.

Während sich nach 1945 die Nachkriegsgeneration in Deutschland oder Österreich daranmachte, Wiederaufbau und Wirtschaftswunder zustande zu bringen, blieb Griechenland in Kämpfe verstrickt. Mit einem Bürgerkrieg zwischen den im Widerstand erstarkten Kräften der linken Volksfront und Regierungstruppen fand die Gewalt ein heftiges Nachspiel. Die Unterstützung durch kommunistische Staaten wie Bulgarien, Albanien oder Jugoslawien auf der einen sowie durch Großbritannien und die USA auf der anderen Seite machte den griechischen Bürgerkrieg noch vor Korea und Vietnam zu einem Stellvertreterkonflikt der entlang ideologischer und strategischer Linien zerrissenen Welt mit ihren jeweiligen Supermächten im Hintergrund.

„Bürgerkrieg ist das Schlimmste"

Mikis Theodorakis war im Widerstand gegen die Nazis aktiv gewesen, hatte als 18-Jähriger schon Verhaftung und Folter erlebt. Später kämpfte er mit der griechischen Volksbefreiungsarmee ELAM gegen die Briten. Im Bürgerkrieg war er als junger, idealistischer Antifaschist und Kommunist schwerer Folter ausgesetzt. Mehrfach entrann er dem Tod nur knapp. Er erlebte die Verbannung auf der Insel Ikaria sowie Massenfolterungen auf der Lagerinsel Makronisos, wo man ihn – neben vielen anderen Misshandlungen – bis zum Kopf eingrub und seinem Schicksal überließ. Es ist nichts weniger als ein Wunder, dass in dieser Zeit die Musik ständig in ihm wuchs. Theodorakis, der 1949 Makronisos verlassen konnte und zu seiner Familie nach Kreta zurückkehrte, resümiert in seiner Autobiografie:

„Bürgerkrieg ist das Schlimmste. In einem Bus zu sitzen und zu wissen, dass mindestens die Hälfte der Insassen deine Todfeinde sind. Und sie haben kein Zeichen auf der Stirn, dass du sie erkennen kannst. Sie sprechen Griechisch wie du, sind Griechen wie du. Aber du hast dich in ihren Augen an die Bulgaren und Russen verkauft, und sie haben sich in deinen Augen an den Thron, an (Königin) Frideriki und die Amerikaner verkauft. So gibt es in einem Bürgerkrieg – praktisch – keine Patrioten, da die der einen Hälfte in den Augen der anderen Hälfte Marionetten einer ausländischen Macht sind ... Wenn man aber an die Basis geht, zu jenen, die den Bürgerkrieg selbst erlebt haben, und den einfachen Soldaten, den Gefangenen, den Makronisioten, den Opfern beider Seiten, wird man feststellen, dass in ihrem Herzen kein Hass gegenüber dem ‚andern' existiert. Denn der ‚andere' ist ein Kind aus dem Volke wie man selbst. Nur dass jeder in ein anderes Getriebe dieses riesigen Fleischwolfs, der ja in Wirklichkeit der Bürgerkrieg war, geriet. Auf diese Weise, die meisten meiner Landsleute an meiner Seite wissend, verschrieb ich mich mit der Zeit, ruhigen Gewissens, einem einzigen politisch-ideologischen Ziel: der Überwindung der Folgen des Bürgerkriegs, der Einheit des griechischen Volkes auf der Grundlage seiner wirklichen und nicht der künstlichen Interessen, mit denen es vollgestopft und an der Nase herumgeführt wird von den Falken der Politik."

1968, als in Westeuropa eine junge Generation gegen Autoritarismus überkommener Strukturen Sturm lief, herrschte in Athen eine rückwärtsgewandte Militärdiktatur, die sich am 21. April 1967 an die Macht geputscht hatte und den Antikommunismus noch einmal zur großen Maxime erhob. Die Obristenjunta – der auch Gegner attestieren, sie habe zunächst in ein politisches Chaos etwas wie Ordnung gebracht – regierte mit dem gesamten Instrumentarium übellauniger Despoten: systematische Folter, Deportation, Pressezensur, Spitzelwesen. Vor allem aber einte die Vertreter der uniformierten Staatsmacht eine ausgeprägte Furcht vor der Moderne. Die langen Haare der Beatles lösten bei ihnen ebenso Angst aus wie die kurzen Röcke der Mädchen; die Herren Generäle verbaten sich beides.

Dass die Diktatur ein langes Vorspiel hatte, zeigt der Film „Z" von Costa-Gavras, zu dem Mikis Theodorakis die Filmmusik beisteuerte. Als Vorlage für den Film diente der politisch motivierte Mord an dem Oppositionspolitiker Grigoris Lambrakis am 27. Mai 1963 in Thessaloniki und die Bemühungen eines jungen Staatsanwalts, die Hintergründe des Verbrechens mitsamt der Beteiligung hochrangiger Polizisten und Militärs aufzudecken – Bemühungen, die sich Jahre später, als die Militärs die Macht endgültig übernommen hatten, im Sand verliefen. Bald nach dem Mord bildete sich eine linke Jugendbewegung mit dem Namen „Demokratische Jugendbewegung Grigoris Lambrakis". Der erste Vorsitzende der „Lambrakides": Mikis Theodorakis. Im Abspann des Filmes werden Verbote der Junta aufgelistet. Neben langen Haaren und Miniröcken waren laut „Z" Sophokles, Tolstoi, Euripides, Arbeitskämpfe und Streiks, Aristophanes, Ionesco, Sartre, Pinter, Pressefreiheit, Soziologie, Beckett, Dostojewskij, Popmusik, Volksmusik und moderne Mathematik verboten – und der Gebrauch des Buchstaben „Z", den die Lambrakisten als Losung verwendeten. Das griechische „Zeta" steht für „Zoe", Leben.

Bei Haftstrafe verboten wurde auch die Musik von Mikis Theodorakis. Er selbst ging in den Untergrund und kämpfte als Gründer der Widerstandsbewegung „Patriotische Front" gegen das Regime, wurde jedoch schon bald – wieder einmal – verhaftet, gefoltert und verbannt. Schließlich wurde er im Gefangenenlager Oropos, eine Stunde nördlich von Athen interniert. Von dort konnte er, wie schon zu Zeiten des Bürgerkriegs schwer an Tuberkulose erkrankt, 1970 ins französische Exil ausreisen. Künstler wie Arthur Miller, Yves Montand, Dmitri Schostakowitsch und Leonard Bernstein hatten sich für ihn eingesetzt. In einem berühmt gewordenen Lied erinnert Theodorakis an Oropos: „Eingesperrt hinter Stacheldraht, bleibt unser Herz dennoch aufrecht. Der Schwur bleibt derselbe: Freiheit und Vorankommen. Und du, gefoltertes Volk, vergiss nicht Oropos." Wer mitempfinden möchte, mit welchem Triumphgefühl der ehemals Inhaftierte sein Oropos-Lied nach dem Fall der Junta sang, findet einen Mitschnitt auf YouTube.

In den ehemaligen Lagergebäuden von Oropos – sie liegen nah am Meer – sind heute übrigens Schulen untergebracht. Die Lagertristesse ist allerdings immer noch deutlich spürbar. Sogar der Stacheldraht ist noch zu finden. Der letzte Junta-General wurde übrigens erst am 31. Jänner 2013 zu Grabe getragen – unter großer Anteilnahme von Mitgliedern der rechtsextremen Partei „Goldene Morgenröte": Er war bis zuletzt in Haft gewesen.

Wie kaum ein anderer hat Theodorakis die Zeitgeschichte Griechenlands erlebt und erlitten. Wie um sein Recht, gegen die derzeitige Politik Klage zu führen, zu unterstreichen, verweist er am Ende seines Briefes auf das, was er in zwei Unrechtssystemen des Jahrhunderts durchgemacht hat:

„Ich lernte die Verliese der Gestapo kennen. Ich wurde von den Deutschen zum Tode verurteilt und überlebte wie durch ein Wunder. 1967 gründete ich die PAM, die erste Widerstandsorganisation gegen die Militärjunta. Ich kämpfte in der Illegalität. Ich wurde ergriffen und im ‚Schlachthof' der Junta-Kripo inhaftiert. Schließlich habe ich wieder überlebt. Heute bin ich 87 Jahre alt, und es ist sehr wahrscheinlich, dass ich die Rettung meines geliebten Vaterlandes nicht erleben werde. Ich werde jedoch mit einem ruhigen Gewissen sterben. Denn bis zum Ende werde ich fortfahren, meine Pflicht gegenüber den Idealen der Freiheit und des Rechts zu tun."

Die Meinungen, ob das alte Pathos des Freiheitskampfes wirklich die adäquate Antwort auf die Finanzkrise ist, gehen stark auseinander. Viele seiner Landsleute finden, nun ja, jetzt werde Theodorakis eben alt. Für ihn aber ist der Kampf, in dem er so oft Kämpfer war, nicht zu Ende. Dabei weiß er sehr wohl, dass die von ihm in dem Brief beschworene nationale Einigkeit der Griechen allenfalls einer großen Hoffnung, nicht aber dem historischen Befund entspricht. Und er weiß, dass das Griechenland, das er verteidigen will, alles andere als ein unversehrtes Paradies ist. Am 12. Februar 2013 begrüßte er Teilnehmerinnen und Teilnehmer an einer friedlichen Kundgebung in Athen. Es gelte den Staat zu verteidigen, sagte er, der „statt einer Auflösung im Rahmen des IWF eine Verbesserung und eine radikale Reform verzweifelt benötigt."

4. DER BESTE CAPPUCCINO DER STADT UND EIN LANGES SÜNDENREGISTER

„Lächeln Sie, Sie sind auf Urlaub hier." Es ist ein „Krachtis", der mich anspricht – einer der, wie das griechische Wort sagt, „kräht", also auf der Straße die Vorzüge seines Restaurants anpreist. Ich versuche eine Antwort. „Ich lächle doch. Außerdem bin ich nicht auf Urlaub." „Gut", sagt der Krachtis, ein offensichtlich besonders eloquentes Exemplar seiner Gattung, „dann sind Sie eben hier, um zu arbeiten *und* um Urlaub zu machen." Noch während ich überlege, dass das eigentlich gar nicht so falsch ist, weil jeder Besuch in diesem sonnigen Land für den blassen Mitteleuropäer auch einen Urlaubsaspekt hat, kräht der Mann weiter: Ich solle mir doch, wenn ich denn tatsächlich schon gegessen habe, den „besten Cappuccino der Stadt" nicht entgehen lassen. Und schon sitze ich an einem der Tische auf dem Gehsteig.

Ich beobachte den Krachtis bei der Arbeit. Großartig, wie er es schafft, innerhalb von Sekunden scheinbar exklusive Beziehungen anzuknüpfen. „Sie kommen aus ... Lassen Sie mich raten ... Australien? – Ach, Südafrika! – Na bitte, sag ich doch." Oder: „Sie haben heute sicher keine wichtigen Termine mehr. – Dann ist doch jetzt die beste Zeit zum Genießen." Ein Fisch nach dem anderen geht ins Netz. Wer auch nur die geringsten Anzeichen von Unschlüssigkeit zeigt, dem wird augenblicklich die Speisekarte verlesen. Die Chancen, einer zumindest kleinen Konsumation zu entgehen, sind gering.

Der beste Cappuccino der Stadt schmeckt übrigens höchst durchschnittlich. Man muss eben die blumigen Reden der Anpreiser aller Art von der Qualität des Angepriesenen unterscheiden lernen. Was leider meistens schwierig ist – auch für Journalisten, deren Geschäft es eigentlich wäre.

Genau genommen bin ich ganz froh, von dem tüchtigen Krachtis eingefangen worden zu sein. Ich habe noch etwas Zeit, mich auf das Gespräch vorzubereiten, das jetzt kommen soll. Mit einem der bekanntesten Ökonomen

Griechenlands bin ich verabredet – mit einem Mann, der behauptet, die Euro-Schuldenkrise lasse sich in einer Woche, einem Tag oder gar in einer Stunde – „so lange es eben dauert, eine Pressekonferenz abzuhalten" – lösen. Ich gehe noch einmal meine Notizen durch. Die Wirtschaftspolitik der vergangenen Jahrzehnte liegt als einziger Sündenkatalog der griechischen Regierungen vor mir. So verengt sich der Blick, wenn eine Katastrophe geschehen ist. Direkt gegenüber steht das neue Akropolis-Museum, eine der Erfolgsgeschichten des Landes. Vor vier Jahren wurde es eröffnet – und kommt ohne staatliche Subventionen aus. Es finanziert sich aus den Eintrittskarten, dem Verkauf im Shop und dem Kaffeehausbetrieb selbst. Eine gute Nachricht, die wie eine Insel aus dem Meer von Hiobsbotschaften ragt.

Ende 2009 wurde die drohende Zahlungsunfähigkeit des griechischen Staates erstmals öffentlich. Schon seit 2008 schrumpft die Wirtschaft. Die Zinsen für griechische Staatsanleihen waren dramatisch gestiegen. Das Land brauchte Hilfe, die ihm aber nur unter strengen Auflagen gewährt wurde. 2010 kamen erstmals Vertreter des Weltwährungsfonds, der Europäischen Kommission und der Europäischen Zentralbank ins Land. Das Wort „Troika" erinnert an eine – je nach Standpunkt – heilige oder unheilige Dreifaltigkeit und ist seither in aller Munde. Anfang Mai wurden die ersten Beschlüsse bekannt. Für ein Rettungspaket in der schwindelerregenden Höhe von insgesamt 110 Milliarden Euro musste die Regierung Papandreou drastische Steuererhöhungen, Privatisierungen und Budgetkürzungen zusagen – der Beginn einer Sparpolitik („Austerität"), unter der seither die Bürger und Bürgerinnen Griechenlands stöhnen. Giorgos Papandreou bereitete in einer Fernsehansprache am Abend des 2. Mai von der Insel Kastellorizo seine Landsleute auf „riesige Belastungen" vor – eine „neue Odyssee" eben.

Was damals in Athen geschah, ist schwer vorstellbar, wenn man an einer Straße in der Sonne sitzt, einen Krachtis vor Augen, dem sein Mousakas über alles geht, und entspannt schlendernde Touristen. Schon am 1. Mai hatte es Unruhen gegeben. Wenige Tage später aber, am 5. Mai 2010, eskalierte die Gewalt. Demonstranten versuchten das Parlamentsgebäude zu stürmen. Es kam zu Straßenschlachten. Autos brannten. Auch in anderen griechischen Städten kam es zu schweren Unruhen. Ein trauriger Tiefpunkt war erreicht, als in einer Bank im Zentrum Athens drei Mitarbeiter verbrannten. Demonstranten, hieß es, hätten das Gebäude mit Brandbomben beworfen. Die drei Todesopfer waren vor dem Feuer auf das Dach des Gebäudes geflüchtet und dort von den Flammen eingeschlossen worden. Noch im Dezember 2012, als wir mit der Kamera vor dem Bankgebäude stehen, sind die Brandspuren deutlich zu sehen. Unser Athener Kameraassistent macht uns allerdings darauf aufmerksam, dass die Geschichte auch eine andere Lesart kennt: Einige Details sprächen dafür, dass nicht Demonstranten das Feuer verursacht hätten, sondern Agents Provocateurs der Polizei. Die Wahrheit darüber wird sich schwer eruieren lassen, aber auch wenn es so wäre, könnten sich die Gewaltbereiten unter den Demonstranten nicht vor der Verantwortung drücken. Der Tod dreier Menschen hat, wie zu hören ist, auch in Kreisen autonomer Aktivisten zu heftigen Auseinandersetzungen geführt.

Nahe der Bank gibt es noch andere Zeugnisse roher Gewalt. Die in Athen lebende Journalistin Ursula Spindler-Niros hat uns hingeführt und auch in ihrem Griechenland-Buch darüber geschrieben: An U-Bahn-Aufgängen der Stationen Syntagma und Panepistimio oder an den Treppen zur römisch-katholischen Kathedrale nahe der Universität ist der Marmor zerstört. Große Brocken wurden herausgebrochen. Der edle Stein ist zur Waffe geworden. Ein stilles Bild der Wut, aber auch der Verzweiflung.

Mit dem Einschreiten der Troika und der De-facto-Teilentmachtung der Regierung in Athen ging eine schwere Blamage Griechenlands vor der Weltöffentlichkeit einher. Genüsslich fielen auch Teile der deutschen und österreichischen Presse über die „Pleitegriechen" her. Durchaus unter Rückgriff auf alte Ressentiments erschienen „die Griechen" nun pauschal als arbeitsscheue Steuerhinterzieher, korrupt und stets bereit, „über die Verhältnisse zu leben" – Südländer eben, die nunmehr „aus der Hängematte gefallen" waren und seither ihren europäischen Wohltätern auf der Tasche liegen. Solche Pauschalurteile wurden und werden der Situation keineswegs gerecht. Aber auch in Griechenland selbst fehlt es nicht an Stimmen, die an der Politik des Landes vor der Krise kein gutes Haar lassen.

Der Finanzökonom Leonidas Tzonis ist eine von ihnen. Tzonis ist ein humorvoller Enddreißiger mit einem sehr charakteristischen griechischen Tonfall im ansonsten makellosen Englisch. Schließlich hat er jahrelang in England studiert und gelehrt. Auch jetzt noch unterrichtet er auf Englisch, als Professor der Hellenischen Amerikanischen Universität von Athen. Er ist bekannt dafür, dass er lacht, wo man auch weinen könnte. Als wir uns zum ersten Mal ausführlich über die Krise unterhalten, bringt er den Sachverhalt auf einen kurzen Nenner. „Korruption", sagt er, „gibt es nicht nur in Griechenland. Aber was uns auszeichnet, ist der totale Mangel an Struktur." Sagt's und lacht sein optimistisches Lachen.

Damals, 2010, wurden in den Medien immer neue Details eines schlecht organisierten Staatswesens publik. Man vernahm mit Staunen, dass Griechenland kein Katasterwesen hatte, wie korrupte Beamte bei verschiedensten Gelegenheiten die Hand aufhielten oder wie Steuervermeidung geradezu als Volkssport betrieben worden sei.

Auswüchse einer Politik des leichten Geldes

Matthew Lynn zeichnet in seiner „Geschichte einer Staatsschuldenkrise" (deutscher Titel: „So ging Griechenland pleite") die wichtigsten Entwicklungslinien auf dem Weg zur Katastrophe nach.

Nachdem die Junta, mürbe gemacht durch den Aufstand der Studenten im Athener Polytechnikum 1973, über ihre missglückte Intervention in Zypern gestürzt war, musste Griechenland an den demokratischen Teil Europas herangeführt und auch wirtschaftlich konkurrenzfähig gemacht werden. Premierminister Konstantin Karamanlis bereitete den Beitritt seines Landes in die damalige EWG vor, in seiner Zeit wurde der Beitritt für 1981 beschlossen.

Ab 1981 regierte Andreas Papandreou mit der von ihm gegründeten „Panhellenischen sozialistischen Bewegung" (Pasok). Er sorgte für eine Modernisierung des Landes in vielen Bereichen. Aber er startete auch eine Art sozialistisches Experiment und öffnete, mit Brüssel als neuer Geldquelle, die Büchse der Pandora. Zur Freude seiner Landsleute erhöhte er Löhne und Renten und stützte auch unrentable Branchen. Die Klientelpolitik, die Karamanlis betrieben hatte, fand jetzt ihre Fortsetzung unter anderen Vorzeichen. Viele Parteigänger wurden in den öffentlichen Dienst übernommen, der Beamtenapparat wurde größer. Die ökonomischen Probleme, die sich Papandreou, ein gelernter Ökonom, mit seiner Politik einhandelte, waren erheblich. Die Inflation galoppierte, die Drachme musste abgewertet werden, und schon damals half ein Notkredit der EU dem Land aus der Patsche. 1994 dann die nächste Krise: Die „Märkte" spekulierten gegen die Drachme, die Zinsen für Staatsanleihen stiegen bedrohlich.

Landauf, landab hört man heute Anekdoten über griechische Landwirte, die angeblich großen Erfindungsreichtum entwickelten, um an die europäischen Fördermittel zu kommen. Eine unwirtliche Schlucht da, eine wasserlose Insel dort: In Brüssel konnte man sie, wenn man es richtig anstellte, als „Weideland" deklarieren. Das Geld sprudelte und wurde, so die umlaufenden Gerüchte, nicht zu Investitionen, sondern für den privaten Konsum verwendet. Jianis, ein Gastwirt aus Kreta, sagt nachdenklich, als wir auf dieses Thema zu sprechen kommen: „Ich habe ihnen immer gesagt: Wir werden dieses Geld zurückzahlen müssen."

Trotz einiger Bemühungen und Teilerfolge der Regierungen deuteten die wichtigsten Parameter nicht auf eine stabile Volkswirtschaft, als der Euro kam. Griechenland musste folgerichtig bei der ersten Runde draußen bleiben, wurde aber wenig später in den Kreis der Euroländer aufgenommen – unter Manipulation der nach Brüssel gemeldeten Zahlen, wie man heute weiß. Der Euro wurde in Griechenland mit großer Freude begrüßt, versprach er doch den Abschied von der zwar altehrwürdigen, aber wegen ihrer Instabilität ungeliebten Drachme. Tatsächlich brachte die neue Währung auch neuen Wohlstand ins Land. Ging das Geld zur Neige, konnte man es sich jetzt zu sehr günstigen Bedingungen ausleihen. Aber unter dem schönen Schein lauerte der alte Morast. Eine grundlegende Reform und Sanierung, vor allem die in Zeiten der Globalisierung dringend erforderlichen Reformmaßnahmen zur Erhöhung der Wettbewerbsfähigkeit, unterblieben weitgehend. Die Bombe, die 2010 explodierte, muss schon lange getickt haben.

Teil des bedenklichen Befunds ist eine Anomalie der griechischen Innenpolitik: Sie wird seit Jahrzehnten von zwei Parteien und dazugehörigen politischen Dynastien geprägt. Die aus alten Tagen übernommene Klientelpolitik hat dem Staat nicht gutgetan. Viele, vor allem junge Griechinnen und Griechen erzählen mir unumwunden von einem in den Familien geträumten „griechischen Traum": Wenigstens ein Mitglied der Familie sollte im Staatsdienst unterkommen – mit stabiler Bezahlung und guter Pension. Dieser Traum wurde und wird nun nicht nur in Griechenland geträumt, erinnert in seiner Dominanz aber doch sehr an Verhaltensmuster, die in den Jahrhunderten osmanischer Herrschaft eingeübt wurden. Die Parteien, ständig bemüht, ihre Anhänger zufriedenzustellen, trachteten danach, möglichst viele dieser Träume zu erfüllen – mit allen problematischen Folgen, die das für das Staatsbudget haben musste. Ein Witz, der derzeit kursiert, ironisiert das, wovon alle wussten – oder zumindest zu wissen meinten: Ein Politiker möchte seinem Sohn Arbeit verschaffen und ruft bei der Regierung an. Dort meldet sich am nächsten Tag ein Beamter mit einem Angebot: ein Job im Büro des Premierministers, 10.000 Euro, dazu Dienstwagen und Dienstwohnung. Der Vater winkt ab. Es sollte etwas Bescheideneres sein, damit der junge Mann lernen würde, richtig zu arbeiten. Das zweite Angebot kommt umgehend: 5.000 Euro, ein kleineres Auto. „Nein", sagt der Vater. Es sollte ein Job sein, in dem man wirklich arbeiten muss, vielleicht mit einem Einstiegsgehalt von 700 Euro. „Ach so was meinen Sie", sagt der Politiker. „Na gut, ich werde mich bemühen. Dafür braucht Ihr Sohn allerdings ein abgeschlossenes Studium und Zusatzqualifikationen."

Auch von manchen stark überhöhten Pensionen – bei ansonsten durchschnittlich eher bescheidenen Renten – wird berichtet, von 38-jährigen Pensionisten, die gesund und wohlauf sind. Eine in Griechenland verheiratete Deutsche wundert sich über die Regelung, die es ihr ermöglichte, mit 55 in Rente zu gehen: Jede Frau, die in diesem Alter noch ein minderjähriges Kind im Haushalt hat, ist dazu berechtigt – und zwar, Stand August 2013, immer noch. Chris Spirou, ein gebürtiger Grieche, der in Amerika politische Karriere gemacht hat, erzählt gerne, wie viel Freizeit nach seinen Informationen griechische Beamte bekommen, wenn sie Blut spenden: vier Tage. „Aber", fügt er hinzu, „wie viele von denen, die sich vier Tage frei nehmen, spenden tatsächlich Blut?" Griechenland ist voll von Geschichten wie diesen. Aber die Zeiten, in denen man über sie lächelnd den Kopf geschüttelt hat, sind vorbei. „Griechenland hatte zu viele Bewohner und zu wenige Bürger", sagt Spirou. Man müsse aus Bewohnern Bürger machen.

Für das deutschsprachige Publikum hat vor allem der Schriftsteller Petros Markaris die Eigenheiten des griechischen Staatswesens, die aus seiner Sicht zur Krise führten, beschrieben. In einer Krimi-Trilogie und einer kleinen Aufsatzsammlung mit dem Titel „Finstere Zeiten" spart er nicht mit Kritik an seinem Land. „Für mich besteht kein Zweifel daran, dass die politischen Eliten von der frühen Nachkriegszeit bis heute die Hauptschuld am Zusammenbruch des Landes tragen. Sie haben durch ihre Klientelmentalität das Land an den Rand des Abgrunds gebracht." Dabei plädiert er aber eindringlich dafür, keine Pauschalverurteilungen vorzunehmen und die nicht zu übersehen, die mit ihrer Arbeit – vor allem als kleine Händler und Unternehmer – und ihren Steuern den griechischen Staat auf den Beinen hielten. Die Krise selbst hat aus der Sicht Markaris' mit den Olympischen Spielen 2004 ihren Ausgang genommen, als sich der kleine Staat mit den großen Spielen finanziell überhob.

Es gibt also Grund genug, vielen Aspekten der griechischen Politik skeptisch gegenüberzustehen. „Politiker gehörten nie zum Besten, was dieses Land zu bieten hat", sagte mir der Philosoph und Soziologe Gerasimos Kouzelis vor der Fernsehkamera. Viele Griechinnen und Griechen formulieren das weniger vornehm. Die Enttäuschung über die handelnden Personen ist riesig. „Um in die Politik zu gehen, musst du nichts wissen", brachte es eine junge Verkäuferin im Handy-Shop auf den Punkt. „Du musst nur wissen, wie du zu den Telefonnummern der maßgeblichen Leute kommst."

Für den Ökonomen Leonidas Tzonis steht es jedenfalls – wie für viele seiner Kollegen – völlig außer Frage, dass Griechenland harte Reformmaßnahmen braucht. Nicht nur im Kaffeehaus, auch im Interview – aufgenommen im malerischen Abendlicht auf dem Athener Hausberg Lykavittos mit Blick auf die Akropolis – spricht er Klartext. Als Grieche und Mitglied der Gesellschaft fühle er wie andere auch die üblen Folgen der Krise, sagt er, doch als Ökonom müsse er zufrieden sein, dass endlich konsequente Maßnahmen gegen die wirtschaftliche Schieflage ergriffen würden. Es könne eben nicht gut gehen, wenn man Schulden mache, um zu konsumieren. „Am Ende", sagt Tzonis, „musst du dir wieder Geld ausborgen, um die alten Schulden zu begleichen."

Der Krachtis beachtet mich nicht weiter, als ich mich von meinem besten Stadt-Cappuccino erhebe und die paar Schritte um das Akropolis-Museum herum zu dem Haus gehe, in dem mich Yanis Varoufakis erwartet. Gleich am Anfang unseres Gespräches werde ich ihn mit dem griechischen Sündenregister konfrontieren. Klientelpolitik, Korruption, ineffiziente Verwaltung, schlechte Steuergesetze, schlechte Steuermoral und so weiter und so weiter. Der Ökonom hört mir zu, wie man einem Text zuhört, den man selbst schon auswendig kann. „Das ist alles wahr", sagt er dann. „Wahr, aber irrelevant."

5. EINSPRUCH. EIN STARÖKONOM BLICKT VON ATHEN NACH EUROPA

Die Ökonomie hat es vom Wortsinn her mit dem Oikos, dem Haus zu tun. Yanis Varoufakis allerdings weiß über die große Wirtschaft eindeutig besser Bescheid als über den eigenen Haushalt. Schmunzelnd stellen wir das fest, als er den vom Gast erbetenen Tee brauen will und den Wasserkocher nicht finden kann. Nun ja, er ist auch dauernd auf Reisen und eben erst zurückgekehrt.

Immer wieder ist sein Name aufgetaucht. Mit ihm, sagten mir viele Gesprächspartner und -partnerinnen, sollte ich mich unbedingt zusammensetzen. Als ich ihn anrufe, ist er bei einer OECD-Tagung in Paris – und trotzdem umstandslos bereit, einen Termin für ein Treffen in Athen zu vereinbaren. Varoufakis ist Grieche und Australier, er ist in Athen ebenso zu Hause wie auf amerikanischen, australischen oder britischen Universitäten. Und: Er hat das Ohr der Medien, ist ein brillanter Rhetoriker, ein gefragter Interviewpartner und Studiogast. Sein auf Englisch geführter Blog wird international gelesen und rezipiert. Varoufakis legt Wert darauf, als linker Ökonom wahrgenommen zu werden. Trotzdem verbringt er derzeit einen Großteil seiner Zeit damit, Vorschläge für Auswege aus einer Krise des Kapitalismus zu erarbeiten und den Euro zu retten. Der Professor für Wirtschaftswissenschaften und ökonomische Theorie steht in kritischer Nähe zum Bündnis der „vereinten sozialen Front" Syriza, das in kurzer Zeit von einem kleinen Sammelbecken linker und extrem linker Troika-Kritiker zu einer großen politischen Partei geworden ist. Für viele ihrer Anhänger ist sie die einzige Alternative zum bestehenden Dilemma; in konservativen Kreisen und rechts davon wird sie hingegen als linksextremer Gottseibeiuns gebrandmarkt.

Die geräumige Loft-Wohnung mit den großen Bücherwänden gegenüber dem Akropolis-Museum hält, was ihre Lage verspricht. Varoufakis bittet mich auf die Terrasse, eine Schnittstelle zwischen Haus und Hof, wettergeschützt und doch im Grünen. Er klappt seinen Laptop zu. Er schreibe auch an einem Buch, sagt er. Über Europa. Über Griechenland könnte er nicht schreiben, denn: „Das ist zu nahe. Da bin ich zu sehr mitten drin." Es ist nicht sein erstes Buch. Zuletzt hat er sich in einer international viel beachteten Analyse mit den Gründen der Weltwirtschaftskrise von 2008 auseinandergesetzt. Titel, mit mythologischem Bezug, schließlich sind wir in Griechenland: „Der globale Minotaurus". Die zweite Auflage ist im Februar 2013 erschienen. Darin vergleicht Varoufakis die Ökonomie der USA mit dem Ungeheuer, das zu Zeiten des großen Königs Minos Jungfrauen verzehrend auf Kreta im Labyrinth hauste und von dem attischen Helden Theseus unter Zuhilfenahme des Ariadne-Fadens getötet wurde.

Nicht nur aus emotionalen, sondern auch aus inhaltlichen Gründen würde sich Varoufakis übrigens weigern, ein Buch über die griechische Krise zu schreiben. „In Griechenland ist eine Katastrophe im Gang", sagt er. „Aber es gibt keine griechische Krise. Es handelt sich vielmehr um eine Krise Europas, genauer: eine Krise der Eurozone."

Ist dann also alles unwahr, was über Griechenland gesagt und geschrieben wurde: die Korruption, das Steuerversagen, die Klientelpolitik? Varoufakis ist kein Nationalist, der zum Preis argumentativer Verrenkung alle Verantwortung vom Vaterland weisen würde. Es wäre durchaus abendfüllend, mit ihm die (finanz-)politischen Fehler der griechischen Regierungen zu diskutieren. Kleptokratie, Überschuldung, Finanzkrisen. Seit der Gründung des modernen Griechenland seien diese Phänomene an der Tagesordnung gewesen. Aber, sagt Varoufakis, und darauf kommt es ihm an: Das hat die aktuelle Krise in ihrer Schwere und Dauer nicht hervorgerufen. Es ist also nicht ihre Ursache. – Was dann?

„Wäre Griechenland nicht in der Eurozone, würden Sie Ihr Buch nicht schreiben", sagt Varoufakis. „Das Land wäre vermutlich 2008, 2009 in eine milde Rezession geschlittert. Heute wären wir zwar arm, aber es ginge bergauf." Diese Krise aber, da lässt er keinen Zweifel aufkommen, wurde durch eine Fehlkonstruktion der Eurozone verursacht – und durch nichts sonst.

Dann holt Varoufakis ein wenig aus und erklärt mir, dem ökonomischen Laien, einige grundlegende Zusammenhänge. Wie immer, wenn Ökonomen sprechen, bin ich erstaunt und fasziniert, wie das, was scheinbar durch individuelle Entscheidungen individueller Menschen entsteht, am Ende in fast physikalischer Gesetzmäßigkeit beschrieben und vorhergesagt – oder zumindest hinterher erklärt – werden kann.

Wenn eine Überflussregion und eine Defizitregion in einem gemeinsamen Währungsgebiet zusammenkommen, geschieht laut Varoufakis Folgendes: Von der Überflussregion fließen Güter in das Defizitgebiet. Die Profite, die dabei erzielt werden, wandern natürlich zurück in das Überflussgebiet. Aber dort bleibt das überschüssige Geld nicht liegen. Es kommt vielmehr wieder zurück in die ärmeren Regionen, denn dort sind die Preise niedrig – die Immobilienpreise zum Beispiel. „Die Leute kaufen ein Haus, schöne Plätze auf dem Land, auf den Inseln oder wo auch immer. So entsteht eine Blase." Durch die Nachfrage steigen nämlich in den Defizitländern die Vermögenswerte, die Menschen fühlen sich reicher, sie nehmen Kredite auf. „Sie kaufen zum Beispiel mehr Mercedes Benz." Das wiederum kurbelt wirtschaftliche Aktivitäten in den Überflussgebieten an. „Dort werden mehr Mercedes Benz produziert, der Profit steigt. Das Karussell dreht sich weiter, das Ungleichgewicht wächst." Und irgendwann kollabiert das System.

Das ist es, was in Griechenland aus Sicht Varoufakis' passiert ist. In den guten Zeiten gab es genau dieses Ungleichgewicht: Geld floss nach Griechenland, die Schulden wuchsen. „Die Korruption, die es schon gab, wurde noch mehr – das liegt in der menschlichen Natur." Aber das allein hätte, so Varoufakis, das Schiff nicht zum Kentern gebracht.

Doch dann kam die Krise von 2009, die mit Griechenland gar nichts zu tun hatte, sondern mit Lehman Brothers, der Wall Street, der Deutschen Bank und dem Londoner Finanzdistrikt. „Die Blase zerplatzte, Liquidität wurde vernichtet, die Schulden waren hoch und konnten plötzlich nicht mehr bedient werden."

Dazu kam die Kreditklemme, die finanzschwache Länder wie Griechenland besonders in Mitleidenschaft zog. Plötzlich waren die im Schutz des Euro moderaten Zinsen für Staatsanleihen Schnee von gestern. Hohe Risikoaufschläge wurden zur existentiellen Bedrohung. „Wenn niemand dem anderen Geld borgt, dann schon gar nicht dem Defizitland. Wenn es dann ohnehin schon hohe Schulden hat, ist es am Ende." In seinen Schriften spricht Varoufakis von einem „Popcorn-Effekt": Das Volumen der Schulden nimmt sprunghaft zu.

Mit seinem ganzen wissenschaftlich gestützten Zorn kämpft Yanis Varoufakis jetzt gegen die Sparauflagen, die die Troika dem Land im Gegenzug für Hilfskredite auferlegt. „Griechenland wird gezwungen, seine Schulden zurückzuzahlen, indem es neue Schulden macht – unter Auflagen, die sein Einkommen reduzieren." Das ist für Varoufakis nichts anderes als eine „Verrücktheit". Es wird aus seiner Sicht schlimme Folgen haben: eine kaputte Gesellschaft, eine zerstörte Ökonomie, ein *failed state*. Dann, um es ganz klarzumachen, wiederholt und bekräftigt Varoufakis noch einmal, was er schon dargelegt hat: „All die Anschuldigungen und Verurteilungen, die man gegen Griechenland vorbringt, sind berechtigt. Aber für die Entstehung der Krise sind sie irrelevant. Völlig und total irrelevant."

Das Teewasser kocht und beschert uns eine kleine Verschnaufpause.

Die Argumente leuchten mir ein. Wenn die Ursachen allein in Griechenland lägen: Wie ließe sich dann das Übergreifen der Krise auf Spanien, Portugal, Italien erklären?

Eine Stunde für das Ende der Schuldenkrise

„Wenn diese Blasenbildung durch den Güter- und Geldstrom vom Überfluss- zum Defizitland mit quasi-physikalischer Regelhaftigkeit nachzuzeichnen ist, warum hat man dann nicht von vornherein etwas dagegen unternommen?", fragt der Laie den Experten. Der antwortet mit einer Anekdote, die von seinem Kollegen und Mitstreiter Stuart Holland stammt. Holland, heute Ökonomie-Professor in Portugal, war Mitarbeiter des visionären Europa-Politikers Jacques Delors und wurde Zeuge eines langen Gesprächs, das Delors mit dem französischen Präsidenten François Mitterrand führte. Nach seinem Bericht habe Delors genau die Ungleichgewichte angesprochen, die nun tatsächlich zu dramatischen Folgen geführt haben. Zielgerichtete Investitionsprojekte, finanziert von der Europäischen Investment-Bank durch „Projektbonds", also von den Euro-Staaten gemeinsam begebene Staatsanleihen, sollten der Bildung einer Finanzblase zuvorkommen. 45 Minuten lang habe Delors Mitterrand bekniet, seinem Vorschlag zuzustimmen. Der aber habe am Ende gesagt: „Jacques, du hast recht, aber wir werden das nicht tun, dazu reicht unsere politische Kraft nicht aus. Helmut [Kohl] und ich können zwar unsere Länder durch eine gemeinsame Währung aneinanderbinden, aber darüber hinaus können wir nichts tun." Allerdings, soll der gewiefte Politiker Mitterrand hinzugefügt haben, sollte in zehn oder 15 Jahren eine große Krise ausbrechen, würden wohl seine Nachfolger gezwungen sein, etwas in der Art des von Delors Vorgeschlagenen umzusetzen – ansonsten sei, so Mitterrand, „der Euro tot".

Für Yanis Varoufakis ist das „typisch Europa": Nicht, dass die Verantwortlichen nicht um die problematische Struktur des Euro gewusst hätten. Aber man sei eben gerade so weit gegangen, wie es politisch möglich erschienen sei. – Damit haben die Verantwortlichen „eine Konstruktion geschaffen, von der sie hofften, sie würde später mit dem richtigen Gerüst oder einem festen Fundament ausgestattet, bevor es zu spät sein würde." So sei Europa nur dem Namen nach vereint, betreibe aber eine stetige Desintegration. Varoufakis hat diesen Prozess an anderer Stelle mit einer Termitenkolonie verglichen, die sich langsam, aber sicher in die Fundamente frisst.

Gibt es einen Weg aus der Umklammerung der Schuldenkrise? Das ist genau die Frage, auf die Varoufakis gern und oft und ausführlich antwortet. „Selbstverständlich", sagt er. „Es dauert eine Woche. Oder eine Stunde." Er hat mit Kollegen einen so genannten „moderaten Vorschlag" (*moderate proposal*) ausgearbeitet. Ihn umzusetzen, sagt er, bedürfte es keiner EU-Vertragsänderung. Die Regierungen müssten sich nur dazu entschließen und es tun. Und eine Pressekonferenz abhalten.

Der „moderate Vorschlag" dürfte Bankern nicht besonders gut gefallen. Es geht nämlich im ersten Schritt darum, wie Varoufakis sagt, die tödliche Umarmung bankrotter Staaten durch bankrotte Banken zu beenden. In Zukunft sollten sich die Staaten nicht mehr verschulden, um ihren Banken Geld zur Verfügung zu stellen. Die 50 Milliarden Euro etwa, die griechische Banken dem griechischen Steuerzahler schulden, sollten stattdessen dem Europäischen Stabilitätsfonds und der Europäischen Zentralbank zur Verfügung gestellt werden. Die sollten mit den Banken bei Bedarf tun, was notwendig ist: sie schließen, sie konsolidieren, säubern und am Ende – verkaufen. Beispiele in den USA und Schweden, sagt Varoufakis, würden zeigen, dass das ein durchaus profitables Unternehmen sein könnte.

Der Schuldenlast sollte, das ist der zweite Teil des Vorschlags, mit Anleihen der EZB, also den viel diskutierten Euro-Bonds zu Leibe gerückt werden – zumindest dem Teil der Ausstände, der laut Maastricht-Kriterien erlaubt wäre. Varoufakis erwartet damit eine Schuldenreduktion um 30 Prozent in den kommenden 20 Jahren. Ergebnis: „Die Märkte wären befriedet." Der dritte Punkt im *moderate proposal* wäre eine Investitionsoffensive der Europäischen Investitionsbank und des Europäischen Investitionsfonds mit dem Ziel, Spitzentechnologie, grüne Energie, Umweltschutz, Bildung und Stadterneuerungsprogramme zu fördern – allerdings ohne die derzeit geltende 50-Prozent-Beteiligung der hoch verschuldeten Staaten.

Die aufgezwungene Sparpolitik, unter der Griechenland stöhnt und leidet, ist aus Sicht Varoufakis' nichts anderes als die logische Konsequenz aus der Weigerung, die Struktur des Euro zu sanieren. Dringend müsse das angegangen werden.

Nur: Hat sein Vorschlag eine reelle Chance auf Umsetzung? Viele europäische Politiker geben ihm Recht, sagt Varoufakis – allerdings erst nach einem Glas Rotwein. Und keiner von ihnen wage es, die Sache öffentlich anzusprechen. Es sei denn, ein Vorreiter würde den ersten Schritt wagen. In diesem Fall wären nach Einschätzung des Ökonomen viele bereit mitzuziehen. Aber die Politik sei ein träges System. Es bedürfe einigen Mutes, Fehler einzugestehen und zu korrigieren.

Genau an diesem Punkt hofft Varoufakis auf Syriza. „Derzeit ist es so dunkel in Europa, dass schon ein einziger Lichtstrahl viel bewirken könnte", sagt er. Syriza könnte – nach einem entsprechend guten Wahlergebnis – vielleicht diese erste Stimme sein, die das Eis bricht – wie ein Dorfidiot, der wohl anfangs belächelt würde, obwohl und weil er die Wahrheit sagt.

Sollte allerdings nichts dergleichen geschehen, sieht Yanis Varoufakis schwarz für die Vereinigung Europas. „Wir sind durch die gemeinsame Währung voneinander getrennt", sagt er und macht mit einem geologischen Bild deutlich, was er damit meint: „Diese Währung verursacht riesige tektonische Plattenbewegungen unter der Oberfläche. Sie haben das Potential, das Projekt der europäischen Integration zu zerstören."

Nach einer Stunde ist unser Gespräch zu Ende. Yanis Varoufakis muss einen Termin im Fernsehstudio wahrnehmen. Seine Sicht der Dinge und sein „moderater Vorschlag" – auf seiner Website sind die Details nachzulesen und werden dort auch heftig diskutiert – stoßen natürlich längst nicht überall auf Zustimmung. Aber auch wenn Varoufakis bei der Darstellung der „völligen Irrelevanz" des griechischen „Sündenregisters" möglicherweise das rhetorische Mittel der Übertreibung anwendet: Mir, dem ökonomischen Laien erscheint seine Argumentation glaubwürdig – so glaubwürdig wie der Mann, der sie mit Überzeugung vertritt und dabei auf jedes Zampano-Gehabe verzichtet. So ähnlich geht es vermutlich auch vielen Griechinnen und Griechen, die von seinen Positionen häufig in den Medien hören. Was muss in ihren Köpfen vorgehen, wenn sie von einem ausgewiesenen Fachmann hören, dass die ihnen aufgezwungene Austeritätspolitik längst nicht so alternativlos ist, wie ihre Verfechter sie darstellen möchten? Was muss das für ein Gefühl sein, wenn gewissermaßen über ihren Köpfen gewaltige Geldmengen kreisen, sie selbst aber immer weniger Geld zur Verfügung haben – und das mit profunden Zweifeln an dem, was ihnen als Rettung und Reform angepriesen wird?

Ich gehe durch die Altstadt Plaka Richtung Syntagma-Platz, zur Metro. Die Tavernen und ihre eloquenten Krachtes bereiten sich auf den Abendansturm vor. Ein friedliches Bild. Aber die Frage lässt mich nicht los: Wenn es auch nur die geringste Chance gäbe, den Menschen Maßnahmen von solcher Härte zu ersparen – warum tut man dann nicht alles, um sie zu nützen? Oder wenigstens ihre härtesten Auswirkungen abzufedern? Europa ist gefragt. Europa steht in Frage.

6. SICHTBARE UNSICHTBARE KRISE: DER HOHE PREIS DES SPARENS UM JEDEN PREIS

Auf dem Syntagma-Platz scheint die Abendsonne. Sommerlich gekleidete Menschen, darunter viele mit Einkaufssäcken aus den nahen Boutiquen, überqueren ihn. Jugendliche üben Kunststücke auf dem Skateboard oder auf einem Fahrrad. Ein alter Mann bietet Lotteriescheine an. Drüben an den Tischen vor dem Kaffeehaus bei der U-Bahn hat jemand den Fehler gemacht, einer Taube ein paar Brösel hinzuwerfen. Jetzt kämpfen zwei Kellner gegen das in großer Formation eingefallene Taubengeschwader. Die Vögel sind derzeit die einzigen Bettler hier.

Immer wenn ich hierherkomme, denke ich an das kleine Zelt, das in den Septembertagen 2012 auf dem Syntagma-Platz stand – gegenüber dem großen Springbrunnen, aus dem immer noch keine Fontänen steigen. Es war, wenn ich mich recht erinnere, in Blau und Weiß gehalten und keine große Sache: ein Tisch mit Flugblättern, ein Mann dahinter, ein paar Fotos von Flugzeugen an der im Wind leicht schaukelnden Hinterwand. Vermutlich wurde eine Flugschau beworben. Der Andrang hielt sich in Grenzen, aber das kleine Werbezelt sollte es an diesem Tag noch zu grotesker Berühmtheit bringen.
Es war der 26. September, ein Generalstreik mit großer Demonstration war angesagt. Die Geschäftsleute in der nahen Ermou-Straße und in der Plaka hatten schon am Vormittag begonnen, ihre Lokale zu verbarrikadieren. Schwer bewaffnete Polizei rückte an. Noch standen die Polizisten in lockeren Gruppen und plauderten. Ihre Helme hingen wie Einkaufstaschen von den Ellbogen, die Schilde waren daneben zu kleinen Haufen geschlichtet.

Die U-Bahn hatte ihren Betrieb schon eingestellt; Spannung lag über dem Viertel.

Touristen, die wie ich zum Flughafen wollten, mussten sich zu Bussen durchfragen. Als ich in Wien landete, gingen die ersten Fernsehbilder von der großen Demonstration um die Welt, mit den üblichen schwarz vermummten autonomen Provokateuren, die vor dem Parlament Molotow-Cocktails Richtung Polizei kollern ließen und sich so ihren Kurzauftritt in den Abendnachrichten sicherten. Ja, und da war für ein paar Sekunden auch dieses kleine, friedliche Flugschau-Zelt zu sehen. Eine Kamera hatte die Sekunden seiner Zerstörung festgehalten: Es ging in Flammen auf.

Gewaltbilder wie diese wirken an sich schon bedrohlich. Wenn man aber mitansehen muss, wie es dort brennt, wo man eben noch war, schnürt das die Seele zu. Ich rief Freunde in Griechenland an – und wurde wieder einmal über die eingeschränkte Glaubwürdigkeit von Bildern belehrt. Während ich meinte, eine Explosion der Gewalt gesehen zu haben, empfanden meine Gesprächspartner die Demonstrationen des Nachmittags als ein Symptom des Erlahmens, einer zum Stillstand kommenden Dynamik. „Die Luft ist draußen", sagten sie.

Die Krise kann sich wild und laut gebärden. Sie wirft Menschen in Marschkolonnen auf die Straße, schreit Parolen gegen tatsächliches und vermeintliches Unrecht und hält sie auf Plakaten in die angelockten Kameras. Aber wenn der Demonstrationslärm verklungen ist und sich die Tränengasschwaden verzogen haben, bedeutet das nicht das Ende der Katastrophe. Das andere Gesicht der Krise ist verborgen und unauffällig, ohne Sprechchor und Plakat. Und es ist keineswegs ausgemacht, ob die laute oder die stille, die sichtbare oder die unsichtbare Krise schwerer zu ertragen ist.

Fernsehjournalisten sind naturgemäß vor allem an der sichtbaren Seite interessiert. Als während unserer Dreharbeiten eine Demonstration auf dem Omonia-Platz angekündigt wird, machen wir im Drehplan für den kommenden Tag sofort einen Termin frei. Tasos, unser griechischer Tonassistent, reagiert routiniert. Gut, sagt er, er werde dann für die entsprechende Ausrüstung sorgen. Die „entsprechende Ausrüstung" – ich muss nachfragen, um zu verstehen, was er meint – besteht in Schutzwesten und Atemschutzmasken, die verwendungsbereit in seiner Firma liegen. Die Demonstration findet dann aber nicht statt. Und wenn doch marschiert wird, bleibt alles in friedlichem Rahmen. Die Zeit der Großaufmärsche mit anschließender Straßenschlacht ist vorerst vorüber.

Als ich im Mai 2012 Athen besuche, sagt mir ein junger Verkäufer in einem Handy-Laden, die Lage habe sich beruhigt, die Menschen hätten sich an die niedrigen Löhne gewöhnt und seien froh, dass die nächste Tranche der Milliardenhilfe aus Europa eingelangt sei. Nur dass das Einkaufen im Supermarkt so teuer geblieben sei, sorge für Unmut. Tatsächlich vermittelt sogar die Krisenhauptstadt Athen in vielen Momenten – zumindest für Besucher, aber auch für weniger betroffene Einheimische – ein Gefühl von Normalität. In den Geschäftsmeilen auf der Ermou-Straße, in Kolonaki oder Abelokipi müssen die Boutiquen offensichtlich nicht auf Kunden verzichten. In Gazi, dem In-Treff für junge Leute, wo die Musik zu ebener Erde und auf Dachterrassen aus schweren Boxen wummert, herrscht am Abend gute Stimmung, auch wenn es, wie versichert wird, längst nicht mehr so viele wie früher sind, die kommen – und die, die da sind, oft mit einem einzigen Getränk den Abend bestreiten. Die Cafés von Thisio locken an den Abenden mit romantischem Kerzenlicht, während die nächtliche Akropolis das fröhliche Treiben ruhig überstrahlt. Touristen, aber auch Einheimische schlendern vorbei und lassen sich nieder. Dass der Straßenverkehr und die hohe Stauanfälligkeit krisenbedingt stark zurückgegangen sind und dafür Zigtausende Autos gebraucht auf Halde stehen, wird in Athen vielfach positiv vermerkt.
Bis vor kurzem prangte auf der Fassade der Athener Universität der in roter Farbe groß aufgesprühte Satz „Der Kapitalismus tötet uns" – auf Englisch natürlich („Capitalism is killing us"), denn die Botschaft richtete sich nicht nur an griechische Mitbürger. Eine zweite Hand hatte eine Replik dazugemalt: „Der Faschismus wird uns nicht retten" („Fascism won't safe us"). Jetzt sind die beiden Statements übermalt und verschwunden. Die Fassade schweigt wieder in alter Neutralität. Ein Stück Unsichtbarkeit ist zurückgekehrt. Um die Ecke, an einer Seitenwand des Gebäudes, liest man den Spruch „Anarchie ist Freiheit", aber der hätte auch vor der Krise dort stehen können.

Nicht alles, was geschieht, ist auch zu sehen

Die Proteste, die im Mai 2010 begonnen hatten, setzten sich über lange Zeit hinweg fort. Streiks und Großdemonstrationen, oft von Krawallen und Straßenschlachten begleitet, standen auf der Tagesordnung. Ab Mai 2011 besetzten Aktivistinnen und Aktivisten verschiedener Gruppierungen und Altersstufen den Syntagma-Platz und machten damit ihren Protest über Wochen hinweg sichtbar. Heute ist davon nichts mehr zu sehen. Demonstrationen gibt es nach wie vor, aber sie sind in der Regel klein und überschaubar und haben nicht mehr die Kraft zum Massenprotest. Das könnte natürlich auch mit den früheren Straßenschlachten zu tun haben. Einige Athenerinnen und Athener erzählen mir übereinstimmend, dass ihnen aufgrund der häufig eskalierenden Gewalt die Lust aufs Demonstrieren vergangen sei. Oder ist doch einfach alles wieder in Ordnung, ist die Krise nach einigen Anpassungsschwierigkeiten überwunden und verdaut, ist der Gürtel enger geschnallt, haben sich alle an die Rezession gewöhnt, und es geht weiter wie vorher? Mitnichten.

Die Bilder der Krise sind auffindbar; man muss nur wissen, wo man sie sucht: Schlangen von Verzweifelten an den Ausspeisungen, die sich täglich um Gratisessen anstellen müssen und keine Hoffnung haben, dass das noch anders werden könnte. Obdachlose Griechinnen und Griechen in den Straßen Athens – ein Phänomen, das es laut Auskunft Einheimischer vor der Krise kaum gegeben hat. Menschen – nicht nur mittellose Immigranten, sondern auch Athenerinnen und Athener –, die im Müll nach Verwertbarem suchen. Hunderte geschlossene Geschäftslokale, auch in vormals blühenden Einkaufsgegenden wie der Ermou-Straße. Ein besonders sprechendes Bild finden mein Kameramann und ich in der Nähe des Omonia-Platzes. In einem der aufgelassenen Modegeschäfte wurden wie bei einer Flucht die Schaufensterpuppen zurückgelassen, nackt und zum Teil zerlegt. Eine groteske Parade überflüssig gewordener Körper und Körperteile hinter blinden Scheiben.

Gemeinsam ist diesen Krisenbildern, dass sie nicht eindeutig sind, ständig Gefahr laufen, Klischees zu bedienen – und dass sie außerdem längst nicht die ganze Wirklichkeit erzählen. Für Besucherinnen und Besucher der Stadt bleibt die Krise lange unsichtbar und unhörbar.

Denn es ist ja genau die Krise selbst, die stumm und unsichtbar macht. Die Gesellschaft mit ihren Themen, Treffpunkten und Anlässen ist immer eine Verabredung derer, die noch haben und können. Den anderen fehlt das Geld

– und damit oft auch das Selbstbewusstsein, auszugehen und sich zu zeigen. Sie sind, wie es ein Bischof auf Kreta drastisch ausdrückt, im „Gefängnis ihrer Wohnungen" – zumindest die, die nicht auch noch ihre Wohnung verloren haben. Diese Krise verursacht nicht nur in Europa, sondern auch im Krisenland Griechenland tektonische Veränderungen und Plattenverschiebungen tief unter der Oberfläche, im Gefüge der Gesellschaft genauso wie im weiten Land der individuellen Seele. Es sind die Erzählungen Betroffener, die in die Dimensionen des Geschehens Einblick geben – und manchmal auch Zahlen und Statistiken.

Die Arbeitslosigkeit ist laut Eurostat (Februar 2013) auf 27 Prozent angestiegen – von ca. 22 Prozent im Jahr zuvor – eine Rekordzunahme. Tendenz seither: steigend. Der Mai brachte einen neuen Rekord von 27,6 Prozent. Noch erschütternder die Zahlen für die Jugendarbeitslosigkeit: 64,9 Prozent der jungen Griechinnen und Griechen zwischen 15 und 25 Jahren, die arbeiten sollten und wollten, waren im Mai 2013 arbeitslos. Wann immer diese Zahlen genannt werden, fügt übrigens jemand hinzu: In Wirklichkeit sind es noch viel mehr, in Wirklichkeit ist es noch schlimmer. Mehr als drei Millionen, sagt man mir, seien ohne Job. Das sind unüberprüfbare Zahlen, die aber dennoch nicht ohne Wirkung auf Stimmung und Motivation bleiben.

Doch Statistiken bringen, auch wenn sie monströs klingen, die menschliche Dimension der Misere nur ungenügend zum Ausdruck. Die Menschen selbst erleben eine andere Art von Statistik. Zu Ostern 2013 frage ich eine junge Sängerin – sie wird später ausführlich zu Wort kommen –, ob es tatsächlich erste Anzeichen einer Entspannung gebe, ob es tatsächlich bergauf gehe, wie die Regierung behauptet. Im Gegenteil, sagt sie, die Lage werde schlimmer. Woran sie das erkennen könne? „Im Vorjahr waren vier meiner Freunde arbeitslos. Heuer sind es zehn."

Im Februar trafen einander Freunde von Freunden – zwei Paare – zum Abendessen. Nach einiger Zeit unterbrach eine der beiden Frauen das Gespräch und sagte: „Das ist doch ungewöhnlich: Wir sind vier Menschen im Griechenland des Jahres 2013 – und haben alle einen Job." Nur zwei Wochen später wurden zwei von ihnen gekündigt. Auf die Floskel-Frage „Wie geht es dir?" hört man heute immer häufiger die Antwort: „Gut, ich habe noch Arbeit." Oder eben das Gegenteil.

Die Organisation Solidarity4all benennt auf ihrer Website einen ganzen Katalog schwerster Probleme, die sich Griechenland durch die Krise und die Maßnahmen zu seiner Rettung aufgehalst hat.

Seit 2009, heißt es da, seien Löhne und Pensionen um 35, in vielen Fällen sogar um bis zu 50 Prozent gesunken. Menschen, die in Arbeitsverhältnissen stehen, haben über die Kürzung der Gehälter hinaus eine markante Schlechterstellung zu gewärtigen. Arbeiterrechte und soziale Sicherheit seien praktisch in Auflösung. Die Anzahl der Lohnempfänger, die über Monate hinweg keinen Lohn erhalten, übersteige eine halbe Million.

Eine Unzahl neuer Steuern und Abgaben verteuert das Leben – und das bei sinkenden Einkommen. Trotz jahrelanger Rezession sind die Preise nicht fühlbar gesunken. Im Gegenteil: Energie zum Beispiel kostet so viel wie noch nie. Viele Wohnungen und Häuser sind darum ohne Strom und im Winter ohne Heizung. Auch Schulen können die Energiekosten nicht mehr bezahlen.

All das hat zur Folge, dass die Armut in Griechenland stark ansteigt, die Kinderarmut selbstverständlich auch. Die Rezession ist tief und hartnäckig. Von 2009 bis 2012 ist das Bruttoinlandsprodukt um 25 Prozent zurückgegangen, 2012 dann noch einmal um acht Prozent. Für 2013 wird ein Minus von 4,5 Prozent erwartet. Die Kaufkraft sinkt dementsprechend. Wo das Land in diesem Zustand der Massenarbeitslosigkeit und Massenarmut die Kraft hernehmen soll, seine Schuldenlast zu verringern, ist völlig schleierhaft.

Ein Wort ist für Griechinnen und Griechen zum Inbegriff des Problems geworden: „Memorandum", die Spar-Vereinbarungen der griechischen Regierung mit der Troika, den Vertretern der Geldgeber. An ihm scheiden sich die Geister. Pro-Memorandisten stehen Anti-Memorandisten gegenüber. Für die Kritiker sind die Memoranden nichts anderes als die Unterwerfung unter die dem Land verordnete neoliberale Austeritätspolitik. Alle wissen, dass sich die Regierung nach den Vorgaben der Troika richten muss – wobei nicht einfach zu ermessen ist, wie viel Spielraum sie bei der Umsetzung der auferlegten Maßnahmen hat. Die Troika kommt ins Land und geht wieder. Sie verkündet ihre Einschätzung und ihre Beschlüsse, aber ihre Mitglieder dürfen nicht auf Journalistenfragen antworten. Nichts wird zur Debatte gestellt, nichts diskutiert. Die Troika-Mitarbeiter sind Menschen aus Fleisch und Blut; ihre Namen sind bekannt. Trotzdem werden sie wahrgenommen wie ein anonymer

Schatten, der die Sonne nimmt. „Die Troika" sei „ein mythisches Monster",
sagt mir eine innenpolitische Journalistin – ein Minotaurus, der seine Opfer
will, mächtig, aber unsichtbar. Ein griechisch-orthodoxer Bischof in Athen ist
dagegen völlig anderer Meinung. Auch er sieht die schreckliche Lage seines
Landes, aber für ihn ist die Troika die einzige Hoffnung, weil sie aus seiner
Sicht den einzigen Ausweg weise. „Man wird sie eine heilige Dreifaltigkeit
nennen, wenn alles vorüber ist", vermutet er.

Lebenskünstler, die immer noch tanzen

Warum ist es so still im Land? Warum werden die Proteste eher verhalte-
ner als lauter? Warum schreit niemand auf? Viele Griechinnen und Griechen
stellen im Gespräch diese Frage. Einer vermutet: „Wir fühlen uns alle mit-
schuldig, weil wir von der munteren Geldverschwendung in den Jahren des
Wohlstands mit profitiert haben." Andere meinen, die Krise sei so monströs,
die Aussicht, gegen sie anzukämpfen, so gering, und der Gegner so diffus,
dass Resignation die einzig adäquate Reaktion sei. Ein österreichischer Unter-
nehmensberater, der seit sieben Jahren in Griechenland lebt, vergleicht das,
was derzeit in Griechenland geschieht, mit den von der Psychiaterin Elisabeth
Kübler-Ross benannten Trauerphasen. Nach Bekanntwerden der tristen Realität war die erste Reaktion eine Bezweiflung der Tatsachen und das Unver-
mögen, den Ernst der Lage zu erkennen. Es folgten Auflehnung und Protest
in Streiks und Demonstrationen. Nachdem alles Verhandeln zum selben Ergebnis geführt hat, eben zu den tiefen Einschnitten, die die Austeritätspolitik
vorsieht, stehe man heute in der Phase der Akzeptanz. Große neue Protest-
bewegungen seien aus diesem Grund derzeit nicht zu erwarten, vermutet er.
Das ist freilich ein Befund, der sich rasch auch wieder ändern könnte.
Die Diskussion, ob die aufgezwungene Sparpolitik die angemessene Antwort
auf die angehäuften Probleme darstellt, ist jedenfalls nicht verstummt. Sie hat
im Gegenteil zuletzt starken Auftrieb erhalten.
Andreas, der Betreiber einer Baumaschinenfirma, ist ein Befürworter des Me-
morandums. Er bezweifelt die Arbeitslosenzahlen. Einerseits, sagt er, gelten
Menschen, die nur wenige Stunden pro Monat arbeiten, schon als beschäftigt. Andererseits aber gibt es auch nicht wenige, die informell arbeiten und
„schwarz" verdienen. Im noblen Stadtteil Kifisia, wo wir uns treffen, gebe es

auch Arbeitslose, die in großen Wohnungen leben und im Sommer auf Urlaub fahren. „Man hat hier nicht das Gefühl, in einem Land mit 27 Prozent Arbeitslosigkeit zu sein", findet Andreas.

Im Café des Numismatischen Museums – eines Prachtbaus im Zentrum Athens, den sich einst der Archäologe und Troja-Ausgräber Heinrich Schliemann als Privathaus errichtet hat –, treffe ich den Soziologen und Philosophen Gerasimos Kouzelis und gebe die Frage an ihn weiter. „Warum sieht man – zumindest an der Oberfläche und von außen – eigentlich wenig von der Armut und der Arbeitslosigkeit?", frage ich ihn. Er gibt mehrere Antworten. Erstens meint auch er: Die neuen hohen Steuern haben die Steuermoral nicht positiv, sondern negativ beeinflusst – die Schwarzarbeit ist mehr geworden. Er selbst habe kürzlich einen Maler gesucht, der offiziell und auf Rechnung sein Ferienhaus ausmalen sollte. Maler gab es, aber keinen, der bereit gewesen wäre, eine Rechnung auszustellen, erzählt Kouzelis – und das mit dem überzeugenden Argument, die Abgaben seien einfach zu hoch und würden die ohnehin stark reduzierten Gewinne auffressen. Zweitens: Noch könnten in Griechenland die Familien vieles auffangen. Wer nichts oder zu wenig verdiene, ziehe eben wieder zu den Eltern. Kouzelis deutet auf die Innenstadthäuser um uns. „Nicht nur viele Geschäftslokale stehen leer", sagt er, „sondern auch Zigtausende Wohnungen." Dadurch allerdings geraten die Familien unter Druck, denn auch in Griechenland hat sich im Zuge der Modernisierung die Großfamilie zu kleineren Strukturen hin entwickelt. Und wem das familiäre Netz fehlt, der kann schnell in eine schlimme Lage geraten.

„Noch sind wir nicht so arm wie Bulgarien oder Rumänien", sagt Kouzelis – „wenn das unsere Bestimmung sein sollte." Er ist extra in diese Länder gefahren, um sich die Lage anzusehen. Griechen seien Lebenskünstler und daran gewöhnt, neben dem Hauptberuf andere Einkommensquellen zu unterhalten. Das ermögliche vielen derzeit noch, ihre gewohnte Lebensart beizubehalten und nicht jeden Billigjob annehmen zu müssen. Zwar wird viel weniger konsumiert, aber die Menschen sitzen nach wie vor im Kaffeehaus. Viele essen vorher zu Hause, gehen aber dann doch in die Taverne, um wenigstens ein Glas Wein zu trinken. Überhaupt trinkt man im Griechenland der Krise wieder mehr Wein. Der Soziologieprofessor nennt eine signifikante Zahl: Griechenland sei nach Schottland das Land mit dem zweithöchsten Whiskey-Konsum weltweit gewesen und mit der Krise auf Rang 56 abgerutscht.

„Es war viel Geld im Land", sagt Kouzelis, „und etwas vom Speck ist noch da."
Aber für viele sei es nur eine Frage der Zeit, bis er zur Neige gehe, bis das Er-
sparte aufgebraucht und man am Ende der finanziellen Möglichkeiten angelangt sei. „Viele Autos fahren noch, obwohl die Tankstelle schon geschlossen
ist?", frage ich. „Genau", sagt Kouzelis.

Eine junge Gesprächspartnerin, der ich das Bild von der Tankstelle schildere,
korrigiert mich: „Die Tankstellen werden immer Benzin haben. Aber wir werden es nicht kaufen können."

Normalität und Unsichtbarkeit der Krise, das wird es auch im schlimmsten
Fall weiter geben. Pfarrer Lammert von der Evangelischen Kirche in Athen
hat viele Jahre in Lateinamerika verbracht. „Auch wenn große Teile der Bevölkerung in die Armut rutschen sollten", sagt er, „wird es immer noch eine
Schicht geben, der es gut geht und die daher die Krise weniger wahrnimmt."

Chris Spirou ist zwar geborener Grieche, aber dennoch mit Leib und Seele
Amerikaner. Seine Entrüstung über die Lage, in die sich das Land seiner Herkunft aus seiner Sicht selbst manövriert hat, ist groß. Er findet ein drastisches
Bild. Neulich sei er in der Plaka gewesen und habe junge Leute gesehen, die
groß feierten. „Aber die Musik ist schon zu Ende", sagt Spirou. „Sie tanzen
hier längst nach dem Echo."

7. THERAPIE ODER STRAFE: DIE AUSTERITÄTSPOLITIK SCHEIDET DIE GEISTER

Wer, wie es heißt, „über seine Verhältnisse gelebt", also mehr ausgegeben als eingenommen hat, der muss seine Ausgaben senken und seine Einnahmen erhöhen. Das leuchtet ein. Eine Rückkehr zu einer Politik des Anhäufens von Schulden muss verhindert werden. Durch eine Rosskur soll die Wirtschaft des Landes wieder kreditwürdig und wettbewerbsfähig werden. Die Regierung hat sich jedenfalls mit den Memoranden verpflichtet, die Sparvorgaben der Troika umzusetzen: Ausgabensenkungen, Privatisierungen, Steuererhöhungen, Verkleinerung des Staatsapparats. Die Argumente für die Spar- oder Austeritätspolitik klingen logisch und überzeugend – wären da nicht die vielen Menschen, deren Existenz sie bedroht. Denn die Maßnahmen greifen direkt ins Leben ein. Gesundheits- und Sozialbudgets schrumpfen. Geldmangel und Arbeitslosigkeit sind zu bestimmenden Faktoren geworden.

Dass es mit dem in Griechenland angewandten Rezept des radikalen Sparens Probleme gibt, pfeifen in letzter Zeit die Spatzen von den Dächern. Von Beginn an hatten viele Ökonomen davor gewarnt, die Rezession durch schockartige Sparmaßnahmen noch zu verstärken. Ende 2012 sagte der amerikanische Finanzexperte Charles Dallara, damals noch Direktor des Instituts für Internationale Finanzen, in einem TV-Interview: „Ich beschäftige mich seit über 35 Jahren mit Staatsschulden. Und ich kann Ihnen sagen, ich habe bisher keinen Fall erlebt, in dem eine Wirtschaft so stark und über einen so langen Zeitraum geschrumpft ist. Wir, die Euro-Regierungen, die griechische Regierung und die Märkte, müssen alles tun, um zu einer rascheren Erholung beizutragen." Dallara plädiert dafür, „die Motoren des Wachstums anzuwerfen", etwa in Infrastrukturprojekte wie den Ausbau von Straßen oder Häfen zu investieren und nicht nur den langfristigen Schuldenabbau im Auge zu haben. Er tritt dafür ein, der griechischen Wirtschaft eine „kleine Atempause" zu gönnen – mit mehr Geld fürs Budget und einer Streckung der Fristen für das Erreichen der Sparziele. Dallara ist sich vollkommen im Klaren, dass die wirtschaftliche Misere auch gefährliche politische Folgen haben kann: „Wir müssen die Arbeitslosenrate deutlich unter 25 Prozent bringen, um die Gesellschaft und das politische System in Griechenland stabil zu halten."

Das Interview mit Charles Dallara hat verständlicherweise in Griechenland viel Beachtung gefunden – nicht zuletzt bei Gegnern der Austeritätspolitik. Seine Argumentation teilen auch Pro-Memorandum-Ökonomen wie Leonidas Tzonis in Athen, der in unserem Interview auf dem Lykavittos nicht die Auflagen der Troika, sondern ihre Umsetzung durch die griechische Regierung ins Visier nahm, gleichzeitig aber das verordnete Sparrezept als die grundsätzlich richtige Therapie verteidigte:

„Ich bezweifle, dass es zu diesem Rezept gehört, Menschen in die Armut zu stoßen oder gar an den Folgen der Krise sterben zu lassen. Ich glaube, die Menschen sind in einer sehr schwierigen Situation, weil sich die Regierung bisher zu wenig um den Teil des Rezepts gekümmert hat, der die Wirtschaftsentwicklung fördern soll. Bisher lag der Akzent allein auf der Erhöhung der Einnahmen. Aber wir beobachten, dass diese Vorgehensweise an ihre Limits stößt. Man kann nicht einfach immer mehr Steuern auferlegen, jetzt müssen Impulse für die Wirtschaft gesetzt werden. Und das ist der Teil, den die griechische Regierung tun muss, nicht der Währungsfonds und nicht die EU."

Als ich Tzonis im Juli 2013 wieder treffe und um seine Einschätzung bitte, meint er, die Regierung versuche jedenfalls, Wachstumsimpulse zu setzen, merkt dann aber zweifelnd an: „Ich weiß nicht, ob es der griechischen Wirtschaft nützt, wenn ein Hafen an chinesische Investoren verkauft wird und dann Billigjobs entstehen."

Großes Aufsehen erregte in Griechenland eine Studie des Internationalen Währungsfonds Anfang Juni 2013, in dem die Experten durchblicken ließen, dass sie die Auswirkungen ihrer Sparpolitik auf die griechische Wirtschaft, die Tiefe der Rezession und die Höhe der Arbeitslosigkeit unterschätzt hätten. Die Prognosen seien zu optimistisch gewesen – allerdings auch was die Reformbereitschaft der griechischen Regierung betreffe. Die vorsichtig formulierten Äußerungen wurden als großes „Mea culpa" gelesen und mit Bitterkeit kommentiert. Beobachter sehen in der selbstkritischen IWF-Studie

Anzeichen dafür, dass es auch innerhalb der Troika unterschiedliche Positionen gibt und die Zusammenarbeit von Europäischer Kommission, Europäischer Zentralbank und Internationalem Währungsfonds möglicherweise nicht ewig Bestand haben wird. Diskussionspunkte, bei denen alles andere als Einigkeit herrscht, gibt es zur Genüge: Ein neuer Schuldenschnitt für Griechenland etwa wird vom IWF als unausweichlich angesehen, von der deutschen Regierung aber – zumindest vor den Wahlen im Herbst 2013 – kategorisch abgelehnt. Auch in Bezug auf die Schaffung einer europäischen Bankenunion gehen die Meinungen weit auseinander.

Gründe und „wahre Gründe" der Sparpolitik

Wasser auf die Mühlen der Austeritätsgegner war auch die Erkenntnis eines Wirtschaftsstudenten, wonach eine Studie des Harvard-Professors Kenneth Rogoff auf falschen Grundlagen beruhe und revidiert werden müsse. Die Studie hatte vorgerechnet, dass ein Staat, der mehr als 90 Prozent des BIP als Schuldenlast angehäuft habe, notgedrungen in die Armut abrutschen müsse. Sie war als Begründung der harten Sparmaßnahmen hochwillkommen gewesen; allerdings hatte sie der Professor schon selbst – freilich unbeachtet von Medien und Politik – revidiert.

Befürworter der Sparpolitik verweisen auf Erfolge des griechischen Hilfsprogramms: 2013 soll das Budget einen primären (also ohne Schuldendienst gerechneten) Überschuss erwirtschaften, das Pensionssystem scheint – wenn auch auf fatal niedriger Basis – stabilisiert, die niedrigen Löhne könnten der Wettbewerbsfähigkeit der Betriebe auf die Sprünge helfen (wobei allerdings zweifelhaft ist, ob das tatsächlich der Fall ist), und nicht zuletzt zeichnet sich für 2013 eine signifikante Erhöhung der Nächtigungszahlen im Tourismus ab. Einer „Ansteckungsgefahr" für weitere europäische Staaten konnte weitgehend entgegengewirkt werden und: Das Land konnte den Euro behalten – ein erklärtes Ziel griechischer Politik. Leonidas Tzonis gesteht ein, dass sich die Krise verschärft und immer gravierendere Auswirkungen zeitigt. „Jetzt geht sie den Menschen erst richtig unter die Haut", sagt er. Aber aus seiner Sicht ist es schon ein Erfolg, dass es immer noch eine Regierung gibt und somit auch eine gewisse Stabilität gewährleistet ist.

Dem stehen freilich große Misserfolge gegenüber: Das Vertrauen der Finanzmärkte ist nicht wiederhergestellt. Das Bankensystem hat 30 Prozent seiner Einlagen verloren. Die Regierung habe laut IWF zu wenig getan, um die Märkte zu öffnen und den Wettbewerb zu fördern. Außerdem ist es nicht gelungen, die reichen und superreichen Griechinnen und Griechen zu adäquaten Steuerleistungen zu bewegen.

Vor allem aber ist es der hohe Preis der kleinen Fortschritte, der die Gegner der Sparpolitik auf die Palme bringt: die gigantische Rezession, die enorme Arbeitslosigkeit, die rasch um sich greifende Verarmung, die letalen Einschnitte in das Sozial- und Gesundheitssystem. Auch gemessen an den eigenen Zielen ist die Austeritätspolitik aus Sicht vieler Kritiker gescheitert: Trotz eklatanter Steuererhöhungen sind die Staatseinnahmen weit unter den allzu optimistischen Erwartungen geblieben. Und die Schuldenlast ist dramatisch auf etwa 170 Prozent des BIP gestiegen.

Wenn nun die Therapie versagt hat oder zumindest die Nebenwirkungen stärker fühlbar sind als die Gesundungsfortschritte, ist es zumindest nachvollziehbar, dass viele Griechinnen und Griechen hinter den vorgeblichen Gründen für die Memorandumspolitik andere, ungenannte, aber „eigentliche" Gründe vermuten.

Ein tiefes Misstrauen ist nicht nur gesät, sondern schon mitten im Wachsen. Oft höre ich die Vermutung, es gehe eigentlich darum, billig an griechische Bodenschätze wie Öl, Gas oder auch Gold heranzukommen. Andere vermuten, Europa wolle sich Griechenland als billiges Ferienparadies halten. Oder ist das, was vor sich geht, nichts anderes als ein Experiment, in dem ein kleines, hoch verschuldetes Land zu einem neoliberalen Unternehmerparadies umfunktioniert werden soll, in dem den Gewinnen keine Arbeitnehmerrechte mehr im Weg stehen? Eine bitter-kritische Dokumentation von Katerina Kitidi und Aris Chatzistefanou aus dem Jahr 2011 trägt den Titel „Debtocracy", „Schuldenherrschaft", und zeigt auf, wie längst die Schulden die eigentlichen Herrscher sind, stark genug, Verfassung und Demokratie außer Kraft zu setzen. Eine zweite Dokumentation erschien 2012 mit dem Titel „Catastroika" und beleuchtet, wie die Krise genutzt wird, um – nach russischem Vorbild – das Land zu privatisieren und reichen Interessenten in die Hände zu legen. Andreas, der Memorandum-freundliche Unternehmer, lächelt an diesem Punkt nur. „Es gibt keinen Feind, den man bekämpfen könnte", sagt er. Die Dinge geschehen einfach, wie sie geschehen, meint er. Auch wenn es schwierig ist: Da müsse man eben hindurch, so oder so.

In meinem Gespräch mit Yanis Varoufakis berühren wir auch diese Frage. Gibt es hinter dem, was vor sich geht, versteckte Pläne? An diesem Punkt, meint er, sei er mit vielen seiner linksorientierten Kameraden nicht einer Meinung. Für ihn gibt es keine Konspiration. „Ich würde mir wünschen, es gäbe sie. Ich wünschte, es gäbe diese fünf furchtbaren Männer, die in einem Zimmer hocken, Zigarren rauchen und sich gegen die Welt verschwören. Denn dann hätte das, was geschieht, wenigstens eine gewisse Logik, die Logik der Mafia zum Beispiel. Dann könnte man sie finden und ausschalten. Aber so etwas existiert nicht. Es liegt allein an der Trägheit politischer Institutionen. Und daran, dass Politiker nur sehr ungern zugeben, dass sie sich geirrt haben."

Immerhin: Europa kommt Griechenland mit viel Geld zu Hilfe. Was, wenn diese Hilfe ausbliebe?

Aber Varoufakis sieht wie viele andere linke Kritiker im Rettungsprogramm der Europäer nicht viel Uneigennützigkeit.

Das, was unter dem Titel „Solidarität mit Griechenland" firmiert, sei in Wirklichkeit Solidarität mit der Deutschen Bank und einigen anderen europäischen Banken. Denn im Fall einer Zahlungsunfähigkeit Griechenlands müssten sie große Kredite abschreiben. „Man leiht Griechenland Geld, und Griechenland zahlt es zurück an die Deutsche Bank." Die Steuerzahler beider Länder würden so an der Nase herumgeführt. Varoufakis vermutet, dass die deutsche Regierung Probleme hätte, nach 2008 ein zweites Mal große Summen Steuergelds direkt in die Bank zu stecken.

Wie in einer Drehtür, sagt der kritische Ökonom, komme das Geld nach Griechenland und kehre alsbald zurück auf die Konten der Banken, während die griechische Wirtschaft weiterhin schrumpfe. Um Politiker und Steuerzahler bei Laune zu halten, müsse aber Griechenland auch ein wenig bestraft werden: „Mit Austerität."

Diese Beobachtung wird gestützt von einer Untersuchung der globalisierungskritischen Organisation Attac Österreich vom Juni 2013. Sie zeigt auf, dass etwa drei Viertel, nämlich 77 Prozent der (bis dahin) nach Griechenland geflossenen Hilfsgelder in der Höhe von knapp 207 Milliarden bei Banken und Anlegern gelandet sind. Die deutsche Bundesregierung stellt das auch gar nicht in Abrede. Logisch, dass das Geld an die Gläubiger des Staates geflossen sei, hieß es aus Berlin. Genau damit habe man Griechenland Zeit für Reformen verschafft, den Kollaps der Banken verhindert und die Zahlungsunfähigkeit des Staates vermieden. Der österreichische Ökonom Kunibert Raffer, dem ich auf Yanis Varoufakis' Website begegne, schlägt seit langem ein Insolvenzverfahren für überschuldete Staaten vor. Er sieht in den Rettungskrediten des Europäischen Stabilitätsmechanismus für Griechenland überhaupt eine unerlaubte Insolvenzverschleppung mit vielfachen rechtlichen Schwierigkeiten. Griechenland, aber auch Europa, ist Raffer überzeugt, wäre mit einer rechtzeitigen Insolvenzerklärung des Landes besser gefahren – was mit einem Ausstieg aus dem Euro keineswegs gleichbedeutend wäre.

Während Ideologien, Expertenmeinungen und Politikerüberzeugungen aufeinanderprallen, sehen immer mehr Menschen in Griechenland vor allem eines: dass sie ärmer und ärmer werden, während der Stein des Sisyphos ins Tal donnert, Tag für Tag.

8. WER IST VERANTWORTLICH? DIE GAR NICHT SO EINFACHE FRAGE NACH DER SCHULD

Wer das Unglück hat, per ärztlicher Diagnose mit einer schweren Krankheit konfrontiert zu sein, wird möglicherweise feststellen, dass die Anzahl medizinischer Experten in seiner Umgebung sprunghaft zunimmt. Wenn dazu noch die Ursache der Krankheit seitens der Wissenschaft nicht eindeutig geklärt ist, öffnet sich der meist psychologisch oder psychosomatisch orientierten Spekulation Tür und Tor. Der Betroffene, weiß die Umwelt, habe zu viel gearbeitet, sei ein Workaholic oder im Gegenteil zu passiv, er sei zu emotional oder lasse im Gegenteil den Gefühlen zu wenig freien Lauf. Die amerikanische Essayistin Susan Sontag – selbst Krebspatientin – hat in ihrer berühmten Schrift „Krankheit als Metapher" auf den unsicheren Boden hingewiesen, auf dem derartige Beurteilungen stehen: Die Tuberkulose galt so lange als Leiden der „schönen Seele", bis der Tuberkelbazillus entdeckt wurde.

Damit soll nichts gegen die Bedeutung der Psychosomatik gesagt sein, wohl aber gegen die versteckten Mechanismen selbstentlastender Ferndiagnose. Eigentlich geht es dabei nämlich gar nicht wirklich um den Kranken, sondern es geht um die Ängste dessen, der oder die über ihn redet. Man spricht sich Mut zu, indem man die vermeintlichen Ursachen der Krankheit benennt. Ist der Patient selbst schuld, dann hilft das sehr, eine beruhigende Distanz zu ihm zu schaffen. Jemand hat sich in Afrika die Malaria geholt? Wer dort selbst nicht hinfährt, läuft nicht Gefahr, sie auch zu bekommen. Jemand hat sich zu Tode getrunken? Kein Problem für alle, die nicht trinken. Schwieriger ist die Sache aber eben in den Fällen, in denen die Ursache weniger klar ist und zur Diskussion steht. Aber gerade dort wird die entlastende Ferndiagnose wirksam. Mit dem Schuldspruch wird das Entsetzen über die dunkle Diagnose gebannt; sie wirkt weniger bedrohlich, wenn sie bleibt, wo sie ist – eben beim Kranken, der sich seine Lage selbst zuzuschreiben hat. Was immer ihn von mir und uns unterscheidet und als Ursache seines Leidens auch nur in Frage kommt, ist ein gutes Mittel gegen die eigenen Ängste vor den schlechten Nachrichten. Er raucht, ich nicht. Er arbeitet zu viel, während bei mir alles im Lot ist. Er unterdrückt seine Gefühle, während meine Emotionen in Balance sind.

Dem griechischen Patienten geht es nicht anders. Die gebetsmühlenartige Wiederholung des Befundes, dass „die Griechen" selbst schuld sind an ihrer Lage, zerstreut die Bedenken, man könnte Symptome desselben Syndroms ausbrüten. Über die Verhältnisse gelebt? Zu viele Schulden aufgehalst? Steuern hinterzogen? Bestechlich gewesen? Es ist entlastend, all das beim anderen, beim Patienten zu sehen und nicht bei sich selbst. Die selbstentlastende Ferndiagnose greift gern und tief in den Topf der Vorurteile. Die Griechen sind faul, wir fleißig. Sie sind korrupt, wir korrekt. Sie verschwenderisch, wir sparsam. Sie leben über ihre Verhältnisse, wir nicht. Ihr Reichtum war eine Illusion, einer Finanzblase geschuldet – unserer steht auf festem Grund. Die Chance, am fremden Beispiel eigene Probleme zu erkennen, wird damit klein. Die Ferndiagnose bringt Menschen gegeneinander auf, die bei genauerem Hinsehen in einem Boot sitzen.

„Wer sind wir eigentlich? Die Europäer des Orients oder die Orientalen Europas? Die Entwickelten des Südens oder die Unterentwickelten des Nordens?" In seinem bereits 1975 mit spitzer Feder geschriebenen Büchlein „Über das Unglück, ein Grieche zu sein" formuliert der Schriftsteller Nikos Dimou Gedanken, die immer noch – und vielleicht heute ganz besonders – aktuell sind. (Wobei bei diesem Buch Vorsicht geboten ist: Nichtgriechen sollten es nicht als Anleitung zu Ferndiagnose und Hellenen-Bashing missverstehen, sondern als Anregung zur Selbstreflexion, die ja auch im Falle Österreichs und Deutschlands durchaus reichhaltig ausfiele.) Manos, ein junger Unternehmer, sitzt in einem Strandcafé in Eretria auf der Athen-nahen Insel Evia bei einem „Kafés frapé" und genießt die kühle Brise, die vom Meer herweht. Unter Freunden erzählt er von seiner kleinen Tochter und zeigt entzückende Babyfotos auf dem Mobiltelefon. Manos ist Unternehmer, und eigentlich hat er Glück im Unglück. Während seine Importfirma für Chemiewaren in schwere Turbulenzen geraten ist und mit Gewinnen früherer Jahre die aktuellen Verluste abzufedern versucht, schreibt man in Manos' zweitem Unternehmen, das Spielwaren importiert, schwarze Zahlen. Der Grund: Die Nachfrage nach Brett- und Gesellschaftsspielen ist stark gestiegen. Anstatt auszugehen, verbringt man offenbar wieder mehr Zeit gemeinsam zu Hause und vertreibt sich die Zeit mit gehobener Unterhaltung. Was das Thema Nummer eins betrifft, gibt sich Manos keine Mühe, seine Enttäuschung zu verbergen. Nikos Dimous Bonmot kann er aus ganzer Seele unterschreiben. „Wir haben uns nicht entschieden, wo wir hingehören wollen", sagt er. „Wir sind ein wenig Europäer, ein wenig Orientalen, ein wenig Afrikaner – und genau das kann nicht funktionieren." Wer zu Europa gehören möchte, genauer: zur Europäischen Union, der müsse sich eben auch an die Spielregeln halten.

„Böse Merkel, böses Deutschland", dieses Spiel spielt Manos nicht mit. Es seien nicht viele, die seine Meinung teilen, sagt er, aber er stehe dazu: Nicht zu 90, sondern zu 100 Prozent sei Griechenland schuld an dem Desaster. Freilich, auch Europa mache Fehler. Zum Beispiel werde zu viel Produktion in Billiglohnländer ausgelagert. Aber für die Krise, an der Griechenland jetzt leide, sei das Land selbst schuld, Punktum. Manos sieht auch wenig Hoffnung auf Besserung. Die vielen neuen Steuern und die Probleme bei ihrer Eintreibung führten dazu, dass sich jetzt auch bisher ehrliche Steuerzahler ungerecht behandelt fühlten. Die Steuerlast sei mittlerweile viel zu hoch. Viele könnten die geforderten Abgaben einfach nicht bezahlen und sehen sich erst recht gezwungen, nach Wegen der Steuervermeidung zu suchen. Das seien völlig untaugliche Mittel im Kampf gegen Korruption und Unehrlichkeit, findet Manos. Und auf lange Sicht sieht er keine Partei oder politische Bewegung, die in der Lage wäre, die notwendigen tiefgreifenden Veränderungen zustande zu bringen. Hoffnung? Nein, derzeit nicht. Trotzdem, Manos ist ein begeisterter junger Vater.

Hochkonjunktur für Vereinfacher

Das Spiel der Zeigefinger ist munter im Gang. Die einen zeigen auf die Ausländer, die anderen auf Europa und „die Deutschen", andere eben auch auf sich selbst oder zumindest auf die eigenen Politiker. Man diskutiert die Verschwendungsmentalität, die seit den 80er-Jahren um sich gegriffen habe, die Korruption, die Klientelpolitik. Man diskutiert das Diktat der Troika.

Griechenland-Fahne auf der Akropolis.

Folgende Doppelseite: Das Odeon des Herodes Atticus, eine Konzert- und Opernarena auf dem Akropolis-Hügel in Athen.

Insel Ägina im Saronischen Golf, benannt nach einer von Zeus entführten Nymphe.

„Evzonen", Wachsoldaten in historischer Uniform vor dem Parlament.
Parlamentsgebäude auf dem Syntagma-Platz, einst Residenz der griechischen Monarchen.

Ehemaliges Gefangenenlager Oropos aus der Zeit der Militärdiktatur.
Spuren der Gewalt im Zentrum Athens.

Suche nach Verwertbarem im Müll.
Obdachloser Mann auf dem Syntagma-Platz.

Blick auf Athen, im Vordergrund das Erechtheion, neben dem Parthenon Hauptattraktion der Akropolis.

Der Areopag, ein geschichtsträchtiger Felshügel vor der Akropolis.
Taschenverkäufer in Monastiraki.

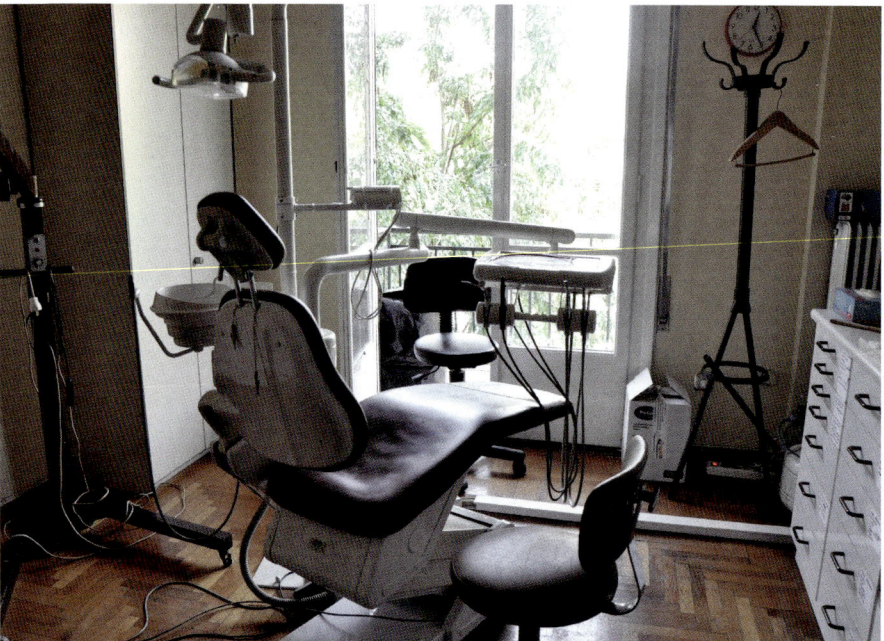

Ausspeisung für Griechen und Migranten im Stadtzentrum von Athen.
Provisorischer Zahnbehandlungsraum in einer Sozialklinik.

„Nein zu den Kündigungen.“
Folgende Doppelseite: „Es ist genug!“

Beamtenprotest: Stadtpolizisten demonstrieren mit.
Abmarsch von der Plateia Klafthomonos, dem „Platz der Klage".

Polizei beobachtet die Demonstranten.
Transparent von „Spitha": „Die Leidenschaft für die Freiheit ..."

Trotz Demo: keine Pause für die Evzonen.

Gar nicht so wenige finden sich in auf den ersten Blick widersprüchlichen Positionen. Einerseits verteidigen sie ihr Land gegenüber Vorwürfen aus Europa, andererseits lassen sie auch selbst kein gutes Haar an ihm. Nicht selten sind an vermeintlich griechischen Fehlern ja auch andere Staaten maßgeblich beteiligt. Korruption? Die Firma Siemens steht mit auf der Anklagebank. Übermäßige Militärausgaben? Aber Deutschland und Frankreich waren höchst interessiert am Verkauf ihrer Panzer und U-Boote. Wer hat die Misere angerichtet? Wer ist schuld? Die Märkte? Die Banken?

Natürlich ist die Schuldfrage auch das Aufmarschgebiet der großen Vereinfacher. Zum ersten Mal wird mir diese Gefahr bewusst, als ich im Herbst 2012 auf dem Syntagma-Platz sitze und ein hagerer Mann Mitte vierzig sofort den Ausländer in mir entdeckt. Ob ich die Plaka kenne, fragt er. „Klar", sage ich, „mein Hotel liegt doch mittendrin." Nein, sagt er, er meine die wirkliche, die echte Plaka. Die sei ganz woanders.

Ich habe Zeit und gehe mit. Wir kommen an einem Plakat vorbei, das einen Streik ankündigt. Jiorgos, so nennt sich der unerwartete Fremdenführer, wird gesprächig.

Griechenland hatte nie Probleme, erklärt er mir. Erst als die Ausländer ins Land kamen, sei alles schwierig geworden. „Die Ausländer", das sind Albaner, die seit der Öffnung ihres Landes über die Grenze gekommen sind. „Die Ausländer", das sind aber auch die vielen Immigranten aus Asien oder Afrika, die mit großen Träumen von Europa über das Meer kommen und in Griechenland stranden.

Inzwischen sind wir in dem Teil der Plaka angelangt, den mir Jiorgos unbedingt zeigen will. Da stellt sich heraus, dass ihm die Plaka eigentlich herzlich egal ist. Eine sehr kleine und sehr unscheinbare Bar ist das Ziel seiner Überredungskünste. Er ist also nichts anderes als ein Krachtis mit großem Einzugsgebiet. Widerstrebend verspreche ich, auf einen Drink zu bleiben. Aber Jiorgos verschwindet gleich wieder. Jetzt muss eine der Animierdamen übernehmen, die im leeren Lokal auf Kundschaft warten. Ein Mädchen beginnt die Konversation mit mir. Sie ist Russin. Unter den fünf Frauen ist eine einzige Griechin. Nur unter Vorwänden und Zurücklassung von zehn Euro gelingt es mir, mich weiterer Befragung zu entziehen. Von Jiorgos kann ich mich nicht mehr verabschieden. Der merkwürdige Fremdenführer und Ausländerfeind ist schon wieder unterwegs, um nach neuer Kundschaft Ausschau zu halten. Sprunghaft sei in der Krise die illegale Prostitution angewachsen, lese ich später – und mit ihr Geschlechtskrankheiten aller Art. Aber das ist hier nicht das Thema.

Die Ausländer sind schuld: Diese simple Begründung hat Konjunktur und ist der extremen Rechten wohlfeil für ihren Kampf um die Macht.

Oder ist die Ursache der Katastrophe doch eine Art Götterzorn? Die Vergeltungslust der Unsterblichen?

Ganz unvermittelt seufzt eine junge Journalistin im Gespräch auf. „Was meinst du", fragt sie mich, „werden wir bestraft, weil wir gut gelebt haben?"

Es ist die Sisyphos-Frage. Hat der nicht seine Endlichkeit negiert, in Saus und Braus gelebt – also „über seine Verhältnisse" – und wurde dafür von den Göttern mit ewiger Vergeblichkeit bestraft?

Ökonomieprofessor Varoufakis verweigert sich jeder religiösen Interpretation. Er ist Materialist und will es auch bleiben. Hätte man zu Zeiten der Pest in Europa Meinungsumfragen gemacht, 90 Prozent hätten der Interpretation zugestimmt, dass es sich dabei um Gottes harte Strafe handle. Genauso stimmten auch heute viele Griechen oder auch Spanier der Auffassung zu, dass sie selbst an dem Desaster in ihrem Land schuld seien. „Aber", sagt Varoufakis, „es interessiert mich nicht, was die anderen sagen. Sie haben Unrecht."

Das wäre auch so, als wolle man sagen, die Explosion des Vesuv, dessen Lava Pompeji verschüttete, sei durch das sündige Leben verursacht worden, das die Römer in Pompeji führten. Nein, sagt Varoufakis, das waren nicht die Gründe. Die Pest wurde durch ein Bakterium verursacht, die Krise Griechenlands durch die Konstruktion der Eurozone. Der Vesuv explodierte aus Gründen der Geologie, nicht der Moral. – „Und das", sagt Varoufakis, „obwohl die Römer zweifellos ein sehr sündhaftes Leben führten."

9. AKROPOLIS UND AGORA. KLEINER EXKURS ÜBER DEN SINN DES LEBENS

Im roten Hop-on-hop-off-tours-Bus bin ich vom Syntagma-Platz unterwegs zur Athener Akropolis, jenem antiken Gebäude-Ensemble, das einen großen Teil seines Reizes dem markanten Felsen verdankt, auf dem es steht. Kaum ein anderes Wahrzeichen drückt seiner Stadt so sehr den Stempel auf. Die Akropolis ist weithin zu sehen, sie veredelt die Zimmer und Dachterrassen der umliegenden Hotels, schiebt sich beim Spaziergang ganz unvermittelt zwischen die Häuserfassaden und thront des Nachts in warmem Licht über der Plaka. Dabei ist sie eigentlich ein abgenagtes archäologisches Gerippe, das seine einstige Farbigkeit restlos verloren hat. Außerdem fehlen wichtige Teile, darunter das Parthenon-Fries, ein 160 Meter langes Steinrelief mit der Darstellung eines Umzugs bei den Panathenäen, den zur Ehre der Göttin Athena abgehaltenen Festlichkeiten. Ein gewisser Thomas Earl of Elgin war seines Zeichens Botschafter am osmanischen Hof und half mit, französische Truppen aus Ägypten zu vertreiben. Aus Dank wurde ihm gestattet, von der Akropolis was immer er wollte an sich zu nehmen. Die Osmanen hatten die Akropolis übrigens auch als Waffendepot verwendet; eine Explosion während der Belagerung durch die Venetianer hinterließ schwere Verwüstungen. Elgin nahm unter anderem das Parthenon-Fries mit und verkaufte es, in finanzielle Schwierigkeiten geraten, dem British Museum, wo es sich heute noch befindet. Ein schwerer und bis heute ungelöster diplomatischer Disput zwischen Athen und London ist die Folge.

Über Ohrstöpsel bekomme ich im Bus – unterbrochen von Theodorakis' Sirtaki-Klängen – Informationshäppchen zur Akropolis geliefert und erfahre, dass auf dem Fries auch eine Götterversammlung dargestellt sei. Die Götter, heißt es, würden dabei beraten, ob es überhaupt sinnvoll wäre, die Menschen zu erschaffen, und kämen erst nach längerem Hin und Her zu dem

Entschluss, es doch zu wagen. Für das Parthenon, den größten Tempel des Ensembles, hört man in manchen der Busse ebenfalls eine originelle Interpretation: Der der jungfräulichen, aus dem Kopf des Zeus geborenen Göttin Athena geweihte Tempel stehe für die Parthenogenese, die Jungfrauengeburt – und damit wie die Diskussion der Götter für das Staunen der Menschen über ihre eigene Existenz, für die es wie im Falle einer Jungfrauenempfängnis keine ausreichenden Erklärungen gibt.

Stadtrundfahrtsbusse beanspruchen für die mitgelieferten Informationen mit Sicherheit nicht dieselbe wissenschaftliche Zuverlässigkeit wie das wunderbare Akropolis-Museum, in dem ich später vergeblich nach Hinweisen suche, die die Hop-on-hop-off-Interpretationen stützen könnten. Trotzdem gefällt mir der Gedanke: ein Tempel des Staunens der Menschheit über sich selbst. Schließlich hat Athen ja auch Staunenswertes hervorgebracht: die Demokratie, die Überwindung der Herrschaft von Aristokratie und Tyrannei. So unzulänglich die „Volksherrschaft" damals noch gewesen sein mag (Sklaven und Frauen hatten beispielsweise keinen Zutritt zur Volksversammlung): Zwischen 508 und 322 vor Christus gestalteten die Athener Bürger das öffentliche Leben in ihrer „Polis" selbst, und die Politiker mussten ihnen Rede und Antwort stehen. Im Rückblick gesehen, begann sich damals ein Europa zu formen, von dem man heute noch träumen kann.

Unterhalb des Akropolis-Hügels liegt die Agora, der Versammlungsplatz der Polis, mit ihren Tempeln, Verwaltungsgebäuden und Säulenhallen. Auf einem Hügel das Hephaisteion, der sehr gut erhaltene Marmortempel für Hephaistos, vor dem Otto aus Bayern als König begrüßt wurde. Unten eine Rekonstruktion der Stoa des Attalos, einer riesigen Säulenhalle. Gleich mehrere solcher Hallen gab es auf dem Areal. Heute schlendern Touristen mit gezückten Kameras und Mobiltelefonen durch Agora und Säulenhalle. Nur die Fantasie bringt die zurück, die einst hier unterwegs gewesen sein müssen: die Philosophen Sokrates, Platon und Aristoteles – Menschen, deren Denken wir in unseren Gedanken haben, auch ohne es benennen zu können. Da könnte man zum Beispiel Platon und Aristoteles begegnen, wie sie heftig darüber diskutieren, ob ein Staat mehr der Freiheit oder mehr der Gerechtigkeit dienen sollte.

Es könnten auch die Theaterdichter Aischylos, Euripides, Sophokles und Aristophanes vorüberschreiten. Ihr Können wirkt bis in das heutige moderne Theater nach.

Als Nachkomme dieser großen Geister, sagt Nikos Dimou, fühle man sich wie der Sprössling eines Nobelpreisträgers, der in der Schule schlechte Noten hat. Das gilt nun wiederum nicht nur für Griechen, sondern für alle Europäer. Für heute lebende Griechinnen und Griechen ist das antike Erbe eine zweischneidige Sache. Wer möchte schon gern nur wegen seiner Vorfahren geliebt werden? Zum Beispiel das Gedicht, das Günter Grass 2012 veröffentlicht hat: „Europas Schande" heißt es, und es ergreift die Partei Griechenlands, indem es ganz den Geist der Antike atmet. Grass vergleicht das Land mit Sokrates, der zum Tod durch den Schierlingsbecher verurteilt wurde, und wendet sich direkt an Europa: „Sauf endlich, sauf! schreien die Kommissare Claqueure, doch zornig gibt Sokrates Dir den Becher randvoll zurück." Europa verdankt sich Griechenland, erinnert Grass – aber eben dem antiken Griechenland: „Geistlos verkümmern wirst du ohne das Land, dessen Geist dich, Europa, erdachte." Nicht zuletzt für dieses Gedicht wurde Grass als „Europäer des Jahres 2012" geehrt. Aber es kommt ganz ohne Bezug auf die heutigen Griechinnen und Griechen aus. Als wäre ihre Not kein Grund für europäische Solidarität. Als würde nur das antike Erbe einen anderen Umgang mit Griechenland nahelegen.

Eine Agora aus aktuellem Anlass

Fantasie kennt keine Grenzen – örtliche nicht und zeitliche nicht. Ich gehe über die jahrtausendealten Steine und stelle mir in Gedanken meine ganz persönliche Krisen-Agora zusammen.

Natürlich treffe ich da Yanis Varoufakis wieder. Er versucht, die an ihm vorübereilenden Politiker zu warnen. Griechenland und andere Länder der Peripherie drohen zu einem neuen Kosovo zu werden, heißt die Warnung. Er meint das nicht als Abwertung des kleinen Balkanlandes, sondern als sehr ernsthafte Parallele: ein Protektorat, das keine eigene Entscheidung fällen kann, mit einem Zahlungsmittel, auf das es keinen Einfluss hat, und einer Regierung, die „von einer lokalen Kleptokratie monopolisiert" wird. Und die Arbeitslosigkeit sei so hoch, dass „der größte Teil des Exports in jungen Menschen besteht". Dringend müsse man an die Rettung des Euro gehen, indem man einen Mechanismus entwickle, der für ein Recycling der Gewinne in Form von produktiven Investitionen in den Defizitregionen sorge ... Aber die Herren Politiker haben es eilig, keiner bleibt stehen.

Der Prager Ökonom Tomáš Sedláček, ehemaliger Berater des tschechischen Präsidenten Václav Havel, steht in altgriechischer Gewandung vor dem Hephaistos-Tempel und spricht zu einer Gruppe junger Leute über sehr lebenspraktische Themen.

Alkohol, sagt er, holt Energie aus der Zukunft. Wenn du trinkst, fühlst du dich gut, oft sogar unwiderstehlich. Du bist witzig und charmant, du tanzt vielleicht sogar auf dem Tisch. Das andere Geschlecht nimmt von dir Notiz. Alles wunderbar, wenn es im Rahmen bleibt. Aber die Summe der Energie lässt sich nicht vermehren. Du musst sie zurückzahlen, gegebenenfalls mit einem Kater am nächsten Morgen. Mit Schulden ist es genauso, sagt Sedláček: Du holst dir Geldenergie aus der Zukunft in die Gegenwart. Aber anders als beim Alkohol lässt sich nicht genau sagen, wann der Kater kommt. Sedláček hat in seinem Furore machenden Buch „Die Ökonomie von Gut und Böse" darauf aufmerksam gemacht, wie nah die Sprache der Wirtschaft jener der Religion und der Mythologie ist.

In einem TV-Interview, das ich mit ihm in Krems führen durfte, machte er darauf aufmerksam, wie eng die Begriffe beieinanderliegen. „Wenn man heutige Wirtschaftszeitungen liest und das Wort ‚Schulden' durch ‚Schuld' oder ‚Sünde' ersetzt, klingt es fast wie die Bibel. Die Griechen fallen unter der Last ihrer Sünden (Schulden), sie können die Last ihrer Sünden (Schulden) nicht mehr tragen, sie brauchen einen Erlöser – jemanden, der ihre Sünden auf sich nimmt, für sie zahlt, sie rettet, sie erlöst. Obwohl sich das alles sehr technisch anhört, sieht es nur so aus, als würden wir über Ökonomie reden. In Wirklichkeit reden wir von Metaphysik oder Glaube oder Religion." Die Spürnase Sedláčeks findet in der gegenwärtigen Diskussion über Griechenland auch noch andere Motive, die ihn an theologische Debatten erinnern: „Sollen wir ihnen ihre Schulden (Sünden) nachlassen, oder sollen wir sie nach dem Gesetz behandeln? Das ist das Thema des Christentums vor 2000 Jahren: Gesetz oder Gnade? Und wenn wir ihnen vergeben: Wie oft sollen wir vergeben – sieben Mal oder sieben mal siebzig Mal? – Dieser Diskurs ist in hohem Grad von religiöser Natur."

Auf jeden Fall, denke ich, an Sedláček und seiner Agora-Predigt vorüberwandernd, wäre es wichtig, den religiösen Eifer aus der Debatte um Griechenlands Schuld und Schulden zu nehmen. „Die Griechen haben es sich jahrzehntelang gut gehen lassen. Jetzt ist Zahltag." Ist das nicht ein höchst religiös aufgeladener Satz? Alle, die es sich derzeit „gut gehen lassen", müssten vor einem solchen Götterurteil erschaudern. Die Vergeltung folgt auf dem Fuß. Wem es jetzt gut geht, der wird dafür bezahlen. Das Zitat stammt übrigens von Christine Lagarde, der Chefin des Internationalen Währungsfonds. Ich ziehe weiter auf dem Weg durch meine kleine, private Finanzkrisen-Agora und treffe auch einen Österreicher: Der Ökonom Stephan Schulmeister steht am Eingang zur großen Säulenhalle und macht eine Gruppe Wissbegieriger darauf aufmerksam, dass es ein kapitaler Grundfehler ist, „das Geld arbeiten zu lassen" – und nicht die Menschen. Etwas abseits, beim Zwölf-Götter-Altar, sitzt, wie könnte er fehlen, Mahatma Gandhi. Er schweigt und fastet. Auf einer Tafel steht sein Rat für das Wirtschaften der Menschen: Es ist genug da für die Bedürfnisse aller (everybody's need) – aber nicht für aller Gier (everybody's greed). Die indische Umweltaktivistin Vandana Shiva sitzt neben ihm und schärft den Demokraten der Agora ein, was ihrer Meinung nach für die Demokratie notwendig ist: „Freiheit von Hunger, Freiheit von Arbeitslosigkeit, Freiheit von Angst, Freiheit von Hass." Welch ein Anspruch im krisengeschüttelten Land.

Vor dem Ares-Tempel treffe ich schließlich einen alten Bekannten, den bosnischen Schriftsteller Dževad Karahasan. Sein Wort auf meiner Krisen-Agora ist eines, das er mir vor einigen Jahren anlässlich eines Interviews über den Dächern von Graz gesagt hat. „Die europäische Kultur ist in Gefahr", sagt Karahasan, und diese Gefahr gehe vom Neoliberalismus aus. „Die klassische Bildung, die klassische Universität, die klassische Kultur, sie stellten die große Frage: Wozu bin ich auf der Welt? Aber der Neoliberalismus kennt die Antwort schon: um den Profit zu mehren. Du bist auf der Welt, damit ich noch reicher werde."

Der „Geist, der dich, Europa, erdachte". Vielleicht wäre etwas vom Grass'schen Pathos doch hilfreich? Etwas von dem Staunen der Menschheit über sich selbst, mit dem ich seit meiner Fahrt im roten Touristenbus die Akropolis unweigerlich in Verbindung bringe: Vielleicht würde es die große Hatz auf Profit und Renditen ein wenig verlangsamen?

10. „ES IST GENUG." HOFFNUNGSLOSIGKEIT KANN TÖDLICH SEIN

Der Autolenker, der an einem Julimorgen mit seinem Fahrzeug direkt in das Hafenbecken der kretischen Hauptstadt Heraklion rast, ist erst vierzig Jahre alt. Der Mann, nennen wir ihn Konstantinos, hat früh geheiratet; seine Kinder sind schon groß, 22, 20 und 18 Jahre alt. Plangemäß versinkt das Auto sofort; der Lenker kann nur mehr tot geborgen werden. Nachdem er seinen Job verloren hatte, versuchte Konstantinos vergeblich sein Glück im Spiel, verschuldete sich vermutlich auch in einem der vielen neuen Läden, die jüngst wie Pilze aus dem Boden gewachsen sind. Sie kaufen Gold, nehmen Pfänder, verleihen Geld – oft zu horrenden Zinsen. Irgendwann muss Konstantinos die Sache über den Kopf gewachsen sein.

Beim Begräbnis, erzählt der Priester, habe in der Kirche vor allem betretenes Schweigen geherrscht. Niemand habe geweint. Wie hätte man auch weinen können? Familie und Verwandte seien doch vor allem zornig gewesen, wütend auf den Mann, der sie mit all den Schwierigkeiten zurückgelassen habe. Was predigt man in einem solchen Fall? Man redet über die Bibelstelle des Tages, sagt Vater Michalis. Immerhin ist die griechisch-orthodoxe Kirche von einer allzu strikten Haltung gegenüber „Selbstmördern" abgerückt. Die durch eigenen Entschluss Verstorbenen erhalten in der Regel ein kirchliches Begräbnis – Gott, nicht die Kirche, soll über sie entscheiden, sagt der Priester. Obwohl Selbsttötung keineswegs gutgeheißen wird – „er wirft das Leben weg, das Gott ihm gegeben hat" –, sehen Seelsorger wie Vater Michalis vor allem die Not, die derzeit für allzu viele Menschen den Suizid als einzigen Ausweg erscheinen lässt. Die Krise lastet schwer auf den Seelen.

Zahlen gibt es kaum, und wenn, dann misstraut man ihnen. Griechenland hatte eine sehr geringe Suizidrate. Sie steigt. Sind es jetzt zwanzig Prozent plus oder vierzig? „Es sind auf jeden Fall mehr, als sie sagen", vermuten viele. Natürlich kann niemand daran Interesse haben, durch forcierte Selbstmord-Berichterstattung Nachahmer zu ermuntern und die Depression noch zu vertiefen.

Aber über kurz oder lang kommen alle Gesprächspartner auf das Problem zu sprechen. Und immer öfter finde ich Menschen, die von konkreten Fällen wissen. „Drei waren es letzte Woche allein in Chania", sagt Stavros, ein kretischer Hotelier, der eben noch erzählt hat, wie froh er ist, mit einer Website für Hotelbuchungen zusammenzuarbeiten: „Ohne sie wäre ich auch schon auf das Dach gegangen und gesprungen – wie so viele andere."

Nicht nur Erwachsene in Finanznöten legen Hand an sich. Sechzehn- und Siebzehnjährige, sagt Vater Michalis, sind unter den Opfern. Nicht aus Liebeskummer und Weltschmerz bringen sie sich um, sondern weil sie ohne Hoffnung und Perspektive sind. 65 Prozent der Jugendlichen, die nicht studieren oder in Ausbildung sind, haben keine Arbeit. Das ist nicht nur eine statistisch erhobene Zahl, es ist auch eine Botschaft, die den Betroffenen zu Herzen geht. Die Botschaft lautet: Wir brauchen euch nicht.

Dass das Griechenland der Austeritätspolitik ein Selbstmordproblem hat, wurde einer breiteren Öffentlichkeit spätestens am 4. April 2012 bewusst. An diesem Tag bestieg der 77-jährige Pensionist und ehemalige Apotheker Dimitris Christoulas die U-Bahn in seinem Wohnbezirk Ambelokipi und fuhr drei Stationen zum Syntagma-Platz. Dort, gegenüber dem Parlament, im Schatten eines Baumes, richtete er einen Revolver gegen seine Stirn und drückte ab. Nach seinem Tod kursierten im Internet und in Medien Auszüge aus einem Abschiedsbrief, der Hinweise auf das Motiv der Tat enthielt. Von der Rente, für die er 35 Jahre lang eingezahlt habe, könne er nicht leben, heißt es darin. Er, Christoulas, habe sich für dieses würdige Ende entschieden, um nicht am Ende auch wie viele andere im Müll wühlen zu müssen. Man dürfe seinen Kindern keine Schulden hinterlassen. Die Regierung, die er für seine Lage verantwortlich machte, bezeichnete Christoulas als „Tsolakoglou-Regierung". Tsolakoglou hieß der Premierminister jenes Kabinetts, das seinerzeit mit den deutschen Besatzern kollaborierte.

Die politische Brisanz dieser Tat zeigte sich bald. Im Internet wurde zu Kundgebungen aufgerufen; noch am selben Tag kam es im Zuge von Protesten zu Ausschreitungen und Kämpfen mit der Polizei. Aber auch die überwiegende

Mehrheit der friedlichen Demonstrantinnen und Demonstranten sah diesen Freitod als direkte Folge der Sparpolitik. „Das war kein Selbstmord, sondern ein Mord des Staates", hieß es in den Foren. Vielleicht noch größer als das Bedürfnis, den Staat verantwortlich zu machen, war das Entsetzen über die Ausweglosigkeit, die sich in der Tat des alten Mannes gezeigt hatte. In einem auf Facebook veröffentlichten Aufruf hieß es: „Lasst nicht zu, dass wir uns an den Tod gewöhnen."

Es ist offensichtlich, dass die Krise nicht mit Vokabeln wie „Hausaufgaben machen", „den Gürtel enger schnallen" oder „nicht weiter über die Verhältnisse leben" zu beschreiben ist. Längst sterben Menschen an ihr. Längst sehen sich viele vor der existentiellen Frage, ob und wie Leben in diesem Land in Zukunft noch möglich sein wird. Marina zum Beispiel.

Jungen Menschen fehlen Hoffnung und Perspektiven

Ich treffe sie in fröhlicher Freundesrunde. Sie ist ausgebildete Sängerin, eine dynamische, groß gewachsene junge Frau, die ständig gute Laune versprüht. Eine, die Ideen hat, die auch neugierige Fragen stellt und sich nicht zurückhält, wenn sie anderer Meinung ist. Als das Gespräch am späteren Abend wie so oft auf die Krise zusteuert, ist Marina die Erste, die das Thema Selbstmord anspricht. „Es ist unerträglich", sagt sie. Am nächsten Tag bitte ich sie um ein Gespräch unter vier Augen.

Schnell wird klar, wie nahe Marina all das geht, was in ihrem Land passiert. Wie sehr sie auf ihrer eigenen Haut verspürt, was eine allein den Zahlen verpflichtete Politik nicht einmal von ferne wahrnimmt.

„Die Krise verschärft sich. Aber die Politiker sagen, dass alles besser wird. Dann frage ich mich: Wo um alles in der Welt leben die? Kommen die nicht aus dem Parlament heraus? Manchmal habe ich den Eindruck, die machen nicht einmal ein Fenster auf. Schaut doch einmal heraus, für eine Viertelstunde wenigstens! Seht, hört, riecht, fühlt!"

Die Menschen haben sich geändert durch die Krise, erzählt sie. Denn: „Das Problem ist massiv, es betrifft alle. Wir haben wieder begonnen, über Griechenland nachzudenken. Und wir haben verstanden: Griechenland, das sind wir." Plötzlich redet man miteinander, wildfremde Menschen kommen ins Gespräch. Zum Beispiel neulich, auf dem Bahnsteig der U-Bahn, eine Frau

Ende dreißig. Ob die U-Bahn morgen in Betrieb ist? Niemand weiß es. Streiks sind angesagt, aber wird auch die U-Bahn lahmgelegt? Die Frau erzählt, welche Katastrophe es für sie wäre, würde die U-Bahn, wie schon so oft, bestreikt werden. Sie muss um fünf in der Station sein, um zu ihrer Arbeitsstelle als Reinigungsfrau zu kommen. Bus, Straßenbahn? Zu weit, zu umständlich. Taxi? Unerschwinglich. Von ihrem kleinen Gehalt lebt ihre krebskranke Schwester mit, insgesamt sind es acht Personen, die auf ihre Einkünfte angewiesen sind. Da ist ein Tag ohne U-Bahn eine wahre Katastrophe.

Marina hält sich mit der Kritik an ihren eigenen Leuten, an ihrem eigenen Land nicht zurück. „Unser Geist hat 30 oder 40 Jahre lang geschlafen. Wir wollten nur Geld. Lehrer werden, einen Beamtenjob bekommen: Das war der Traum griechischer Mütter und Väter für ihre Kinder – auch für meine Eltern. Dazu ein Mangel an Bildung, an Prinzipien. Aber jetzt haben wir wieder begonnen nachzudenken." Für die vielen Dinge, die schiefgelaufen sind in ihrem Land, macht sie nicht nur die Politiker verantwortlich, sondern auch die Medien – die unter Journalisten, wie sie meint, weit verbreitete Korruption. „Vielleicht sind wir verantwortlich für die Politiker, die wir wählen. Aber für die Journalisten? Wir haben sie nicht gewählt."

Die Achtzigerjahre, in denen nach der Auffassung vieler die Wurzeln für die heutigen Probleme liegen, hat Marina als kleines Kind erlebt. Die Politik dieser Jahre kennt sie nur vom Hörensagen. „Esst heute, trinkt heute, schlaft heute miteinander und kümmert euch nicht um morgen!", das sei die Devise Andreas Papandreous gewesen, sagt sie. „Wir hatten eine Diktatur hinter uns und sie sagten, wir brauchten eine Verschnaufpause. Nur: Das war die falsche Methode, um Atem zu schöpfen." Auch die Förderungspolitik in der EU sieht sie problematisch: Zu viel Geld sei, zum Beispiel in der Landwirtschaft, für den Konsum anstatt für Investitionen verwendet worden – ohne entsprechende Kontrolle. „Alle sahen die Fehler, die gemacht wurden. Aber das Land hatte keinen Plan. Wie hätte man da von den Menschen einen Plan erwarten können?"

Heute aber, sagt Marina, sei eine neue Generation dabei, die Verantwortung zu übernehmen: „Wir sind nicht mehr wie in den Siebzigern und Achtzigern. Wir sind anders, besser gebildet, jung, ein anderes Griechenland." Nur: Jetzt werden den Alten die Pensionen existenzbedrohend gekürzt, und den Jungen wird jede Perspektive genommen. „Gott sei Dank bin ich jung", sagt Marina. Sie ist 31. „Wenn ich 60 wäre, könnte ich es vielleicht nicht ertragen. Ich habe meine Jugend und meine Gesundheit – Grund genug, optimistisch zu sein. Ich bin bereit zu geben – meine Energie, meine Arbeitskraft. Junge Leute meines Alters sind auf dem Höhepunkt ihrer Kreativität, auf allen Gebieten, auch im Privatleben. Wer möchte in diesem Alter kein Kind? Aber wie kannst du ein Kind in die Welt setzen? Du möchtest arbeiten, aber du hast keinen Job. Du möchtest heiraten, aber wie? Du möchtest ein Kind. Wie soll das gehen? Du möchtest eine Wohnung kaufen. Mit welchem Geld? Du möchtest etwas leisten, für deine Leute, dein Land. Aber niemand schätzt die Arbeit, die du tust. Sie haben mein Gehalt im vergangenen Jahr dreimal gekürzt. Du fühlst, dass das alles nichts wert ist. Aber du versuchst es weiter, versuchst mit einem Lächeln weiterzumachen ..."

Die Krise ist ständig präsent – und bricht trotzdem immer von neuem in den Alltag ein.

Letzten Monat, erzählt sie, ging sie mit Freunden nach der Arbeit zur Akropolis. Es blieb nicht beim Kaffee. „Wir aßen und tranken und wurden ein wenig betrunken." Erst um elf Uhr nachts kam sie zur U-Bahn-Station. Die U-Bahn war außer Betrieb. Jemand war in einer anderen Station auf die Gleise gesprungen. In diesem Moment war der Abend vorüber, die Realität – nackt, wie sie war – stand wieder vor Augen. Der Selbstmörder mochte seine eigenen Gründe gehabt haben. Aber alle dachten sofort an die Krise. „Sie stürzen sich von allem herunter, was sie nur finden können. Ich war in sehr guter Laune gewesen, hatte die Sorgen in meinem Job vergessen, und die in meinem Privatleben. Ich hatte alles vergessen, wollte nach Hause, um zu schlafen. Und dann bringt sich wieder jemand um."

Es ist die Realität des Scheiterns, die ganz unvermutet hervortritt und keine Ruhe gönnt. „Metaphorisch gesprochen", sagt Marina, „vergewaltigen sie dich jeden Tag aufs Neue. Sie vergewaltigen meine Seele. Jeden Tag höre ich etwas, das mich fertigmacht und in mir schlechte Gefühle hinterlässt. Ich versuche alles, um mich wohlzufühlen. Ich bin ein optimistischer Mensch, eine Künstlerin, die schön sein will, die alles tut, damit auch die anderen sich wohlfühlen. Aber sie vergewaltigen dich. Sie lassen dich nicht in Ruhe."

Es ist ihr Beruf, der Marina diese Realität so nahebringt. In einer Rechtsanwaltskanzlei ist sie die schöne Stimme am Telefon, die anruft, wenn jemand Geld schuldig geblieben ist – und Vorschläge macht, wie die Schuld beglichen werden könnte. Als sie 2007 damit begann, waren die Reaktionen gänzlich anders als heute, berichtet sie. Damals reagierten die meisten Betroffenen eher beleidigt als erschüttert. Das sei zum ersten Mal, dass jemand in einer solchen Sache anrufe. Man bitte um die Kontonummer, das Geld werde morgen überwiesen, oder sogar heute noch. Heute seien die Reaktionen ganz anders: still, nahezu apathisch. „Aber, ich habe doch nichts mehr. Sie können mir nichts mehr nehmen, denn mir ist schon alles genommen worden. Ich habe nichts mehr zu essen. Ich bin arbeitslos. Mein Geschäft ist zu. Ich musste meine Fabrik aufgeben oder: Sie wurde durch einen Brand zerstört ..."

Und so oft die Auskunft, die Marina so sehr fürchtet: „Nein, Herr Soundso ist nicht mehr zu sprechen. Er ist vom Dach gefallen." Zwanzig waren es ihrer Schätzung nach in den vergangenen zwei Jahren, die „nicht mehr zu sprechen" waren, fünfzehn von ihnen hatten Hand an sich gelegt. Die anderen starben durch Herzinfarkte, Schlaganfälle oder Krankheiten, die im Prozess des Eigentumsverlustes akut geworden waren.

Wie kann man die Menschen aufmuntern in einer Situation, die kaum Erfreuliches zu bieten hat? Gerade in dieser schwierigen Situation brauchen sie, Marina ist überzeugt davon, mehr als Brot. Sie brauchen die Kunst, sie brauchen die Freude am Gelungenen. Marina gibt Konzerte, in denen sie griechische Musik aus der ersten Hälfte des 20. Jahrhunderts zum Besten gibt. Sie verdient dabei keinen Eurocent. Viele Künstler nehmen in der Krise neue Verantwortung auf sich. Wenige Wochen nach unserem Gespräch findet in der Mikis-Theodorakis-Musikhalle ein Benefizkonzert zugunsten von Krisenopfern statt. Dabei werden Kleider und Nahrungsmittel gesammelt. Entscheidend aber bleibt der immaterielle Erfolg, die Freude an der Musik, die Freude an den Liedern. Denn sie hilft, gegen die Verzweiflung anzukämpfen.

„Das Schlimmste ist es", resümiert Marina, „den Menschen die Hoffnung zu nehmen. Wenn du keine Hoffnung, keinen Glauben hast, hast du gar nichts mehr. Das ist der Grund, warum sie sich umbringen."

Sie kommt auf „Filotimo" (wörtlich „Freund der Ehre") zu sprechen, diesen griechischen Begriff, der sich nicht so einfach in andere Sprachen übertragen lässt. Das Wort bedeutet eine innere Haltung, aus der man die Dinge aufrichtig und mit Ehrgefühl angeht. Genau dieses „Filotimo", das Griechinnen und Griechen so wichtig ist, werde in der gegenwärtigen Situation täglich verletzt, meint Marina.

„Wir sind für vieles verantwortlich", sagt Marina. „Wir haben vieles in unserer Kultur, in unserer Lebensart, das verbessert werden muss. Aber wir ertragen diese Erniedrigung nicht mehr. Es ist zu viel. Wir haben schon vor zwei Jahren unsere Lektion gelernt. Wir bemühen uns ja. Aber das haben wir nicht verdient. Als würden alle auf uns einschlagen."

Als wir uns verabschieden, hat Marina wieder dieses unbezwingbar optimistische Lächeln. Eine talentierte, kraftvolle Frau, der die Zukunft freundlich zuwinken müsste. „Die Menschen haben nichts mehr zu geben, mein Job hat keine Zukunft", sagt sie, und in ihr Lächeln mischt sich ein bitterer Zug. „In drei Monaten bin ich vermutlich auch selbst arbeitslos."

11. DIE ODYSSEE DER ANDEREN. VOM DRAMA, IN GRIECHENLAND ZU STRANDEN

Auf dem Areopag hat der Apostel Paulus nach der Überlieferung seine berühmte Predigt über den „unbekannten Gott" gehalten und unter den Großstadtskeptikern die ersten Anhänger gefunden. Am Fuß dieses steinigen Hügels, der von der Altstadt zur Akropolis hin ansteigt, sitzen zwei Burschen auf einer Bank. Sie seien aus Afrika, verraten sie mir, und es ist angesichts ihrer dunklen Hautfarbe wenig überraschend. Woher? Aus dem Senegal. Mit nicht wenig Heimatstolz fügen sie hinzu, das sei ein armes, aber schönes und friedliches Land. Einer der beiden, Badoo heißt er, macht seinen Rucksack auf und holt senegalesische Kleidungsstücke hervor. Seine Schwester, zu Hause in Afrika, näht die Sachen, erzählt er, und schickt sie ihm. Er verkauft sie und hält sich so über Wasser. Mit wechselndem Erfolg: Heute lief es zum Beispiel gar nicht gut. Seine Kunden, sagt Badoo, seien vor allem Touristen. Die Griechen hätten wohl alle schon genug afrikanisches Gewand zu Hause und darum kein Interesse an neuem – eine sehr optimistische Erklärung für die fehlende Nachfrage.
Die Kleidungsstücke sind tatsächlich sehr afrikanisch: ein gelbschwarzer Anzug, der für Europäer vielleicht als bequemes Abendgewand oder Pyjama verwendbar wäre, oder eine bunte Hose mit vielen Elefanten darauf. Mir gefallen die Sachen, wir werden handelseins. Allerdings kann Badoo nicht herausgeben. Er verschwindet hinunter nach Monastiraki, um Geld zu wechseln.

Ich bleibe mit seinem Freund zurück. Aras verkauft zusammenlegbare Kopfhörer in bunten Farben. Er macht sich nicht die geringste Hoffnung, mir einen andrehen zu können. Die Absatzschwierigkeiten dürften eklatant sein.

Aras ist jetzt 24, seit 2009 schon lebt er in Griechenland und wartet auf seine Chance, weiterreisen zu können – in ein anderes europäisches Land. Frankreich zum Beispiel. Europa, das war früher einmal das Ziel seiner Wünsche. Im Senegal hätten alle erzählt, wie gut man in Europa leben könne, sagt Aras und wird sehr ernst. Seit er hier lebt, sieht er das völlig anders. Er kann nicht verstehen, wie die Menschen hier miteinander umgehen. Zum Beispiel: Wenn jemand ein paar Mal seine Miete nicht bezahlen kann, fliegt er aus der Wohnung. Das ist doch unlogisch, findet Aras. Man hat jahrelang bezahlt und wird auch wieder bezahlen. Gerade wer kein Geld hat, braucht doch eine Wohnung. Er meint sich selbst damit. Mit einem Freund ist es ihm gelungen, eine kleine Wohnung zu mieten. Jetzt gehen die Geschäfte so miserabel, dass ihnen die Obdachlosigkeit droht.

Über die Finanzkrise weiß Aras wenig Konkretes. Aber er sieht, dass es vielen Menschen nicht gut geht. Jeden Tag, berichtet er, geht er von seiner Wohnung nahe dem Omonia-Platz nach Monastiraki, um seine Ware an den Touristen zu bringen. Dabei sieht er auch jeden Tag dieselben Gesichter der Einheimischen vor ihren Geschäften, in den Cafés, Tavernen und Bars, als Losverkäufer oder Straßenkehrer. Ihm fällt auf, sagt Aras, dass viele von ihnen in den letzten Jahren verfallen sind. Einige nehmen Drogen, meint er, andere trinken oder sitzen einfach nur antriebslos herum. Es kann ihnen nicht gut gehen, mutmaßt er.

Es dauert fast eine Dreiviertelstunde, bis Badoo zurück ist. Niemand wollte ihm, dem unerwünschten Schwarzen, Geld wechseln. Also kaufte er am Ende ein paar Souflaki-Spieße, um an die kleinen Scheine zu kommen. Wir tauschen die Telefonnummern.

Schon lange vor der Krise war die Lage der Asylwerber in Griechenland himmelschreiend. Das einstige Auswanderungsland (etwa drei Millionen Griechen leben im Ausland) sah sich nach der Öffnung Albaniens einem massiven Migrationsdruck aus dem Nachbarland ausgesetzt. Hunderttausende Albanerinnen und Albaner kamen über die grüne Grenze. Heute sind viele von ihnen zwar nicht voll integriert, aber doch als Arbeitskräfte akzeptiert und haben sich in Griechenland eine neue Existenz geschaffen. Einwanderungswellen aus dem Gebiet der ehemaligen Sowjetunion folgten. Auch zahlreiche Menschen aus Fernost (vor allem Pakistan) leben im Land. In Berichten über Erntehelfer, die zu Hungerlöhnen engagiert werden, tauchen sie in den Medien auf. Jetzt aber kehren unter dem Druck der Krise viele ehemalige Einwanderer dem Land wieder den Rücken.

Die Politik wusste keine Antwort auf die in immer neuen Wellen über das Mittelmeer oder die Türkei nach Griechenland strömenden Migranten aus Afrika. „Es gibt keine Infrastruktur für die vielen Ausländer im Land", sagt der Philosoph und Soziologe Gerasimos Kouzelis in einem Interview im Dezember 2012. „Es gibt auch keine entsprechende Migrationspolitik in Griechenland, das heißt, man hat so getan, als wäre das etwas, das von selbst wieder verschwindet." Jetzt aber, wo – so Kouzelis – „die Mittel fehlen, die Geduld fehlt und der Rechtsextremismus da ist", habe sich das Asylanten- und Migrantenproblem zu einer innenpolitisch höchst gefährlichen Materie entwickelt. Denn diese Menschengruppe eignet sich hervorragend als Sündenbock und Propaganda-Futter für innenpolitische Scharfmacher. Die Politik sah zu, wie sich vor allem im Zentrum Athens Gettos bildeten und Asylwerber in solcher Zahl auftraten, dass die Bevölkerung mit Angst und Ablehnung reagierte. Da es keinerlei finanzielle Unterstützung für die Asylwerber gab und gibt, müssen sich alle irgendwie auf eigene Faust durchschlagen. Die Folgen davon – Drogenhandel oder illegale Prostitution – sind wenig überraschend, für die Akzeptanz bei den Einheimischen aber äußerst hinderlich.

Seit Mitte 2012 errichtet die Regierung Anhaltelager, in die man illegal im Land lebende Menschen nach ihrer Verhaftung überstellt. Dort herrschen nach Berichten von Amnesty International und anderen NGOs menschenunwürdige Bedingungen. Im August 2013 kam es im völlig überbelegten Lager Amygdaleza zu einem Aufstand. Mitten in der Sommerhitze hatte man den Strom abgestellt, angeblich wegen Bauarbeiten. In den Containern wurde es daraufhin unerträglich heiß. Außerdem hatte man den Lagerinsassen formlos mitgeteilt, man werde sie nicht mehr nur bis zu einem Jahr, sondern bis zu 18 Monaten hier festhalten können.

Die extreme Rechte – vor allem die neonazistische Partei mit dem klingenden Namen „Goldene Morgenröte" (Chrysi Avgi) – setzt auf Gewalt und instrumentalisiert das Thema Migranten zur Selbstprofilierung. Sie macht gezielt Jagd auf Asylwerber und versucht sie durch Prügel einzuschüchtern. Schwere Menschenrechtsverletzungen waren und sind an der Tagesordnung. Die Polizei zeigt wenig Interesse, diesen Verbrechen nachzugehen. Dabei wollen nur wenige von den meist jungen Menschen, die sich um viel Geld Schlepperorganisationen anvertrauen, tatsächlich nach Griechenland. Das Land mit seinen vielen Inseln ist lediglich die Anlaufstelle, an der die meisten – entgegen ihren Hoffnungen – hängen bleiben. Griechenland grenzt ja an kein anderes Schengen-Land.

„Hier in Griechenland gibt es keine Zukunft"

Gleich hinter dem Omonia-Platz im Zentrum Athens („Omonia" heißt Harmonie) beginnt ein Viertel, in dem besonders viele Migrantinnen und Migranten, Asylwerber und auch Menschen ohne Aufenthaltsberechtigung leben oder zu überleben versuchen. Dass das gelingt, dazu trägt die täglich zur Mittagszeit geöffnete „Zentrale Suppenküche" sehr viel bei. Hier gibt es eine warme Mahlzeit täglich, anonym und unbürokratisch. Die Ausspeisung ist als Initiative zweier Kirchen – der griechisch-orthodoxen und der anglikanischen – schon vor der Krise entstanden. Treibende Kraft ist Reverend Malcolm Bradshaw. Er erzählt uns im TV-Interview, dass in den letzten beiden Jahren der Anteil an Griechen, die sich mit den Ausländern anstellen, stark gestiegen sei.

Wir hören uns um. Ein Mann erzählt uns, er sei vor einem Jahr aus Syrien geflohen, weil er dort seines Lebens nicht mehr sicher gewesen sei. Seine Enttäuschung ist groß. „Hier in Griechenland gibt es keine Unterkunft und keine Zukunft", sagt er. „Hier ist es schlimmer als bei uns zu Hause. Man fühlt sich wie im Knast." So schnell wie möglich möchte er Griechenland Richtung Westeuropa verlassen – „aber ich weiß nicht wie". Ein Iraner bittet uns dringend, ihm zu helfen, in ein anderes europäisches Land zu gelangen. „Ich finde hier keine Arbeit", sagt er. „Ich bin den ganzen Tag damit beschäftigt, Essen zu suchen."

Ein junger Kongolese aus Kinshasa erzählt uns, er müsse im Freien schlafen, weil er – ohne jegliche Unterstützung der Behörden – kein Geld für ein Quartier habe. Draußen aber sei es im Winter kalt, nass – und vor allem gefährlich. Der junge Mann heißt Blaise.

Ein paar Monate später treffen wir einander wieder. In der Zwischenzeit ist es ihm gelungen, mit ein paar Freunden eine Wohnung zu beziehen. Trotzdem sagt er: In Griechenland zu sein, das sei die Hölle. Vor allem wegen der Gefahr, der man als dunkelhäutiger Afrikaner ausgesetzt ist. Mehrfach ist auch er den schwarz gekleideten Schlägertrupps begegnet – und immer klug genug gewesen, davonzurennen. Blaise sagt, er wisse von zwei Freunden, die die Attacken der Schläger nicht überlebt hätten. Er selbst bleibt aus Sicherheitsgründen abends grundsätzlich zu Hause.

„Es war mein größter Fehler, nach Griechenland zu kommen, und nicht in ein anderes europäisches Land", sagt Blaise. Warum er überhaupt nach Europa wollte? Seine Tante, die in Belgien lebt, habe ihn dazu ermuntert. Blaise ist 21 und ausgebildeter Krankenpfleger – ein Beruf, der auch in Europa gebraucht werde, habe die Tante gesagt. Aber es wurde nicht die im Vergleich viel besser bezahlte Anstellung in einem belgischen oder französischen Krankenhaus, sondern es kam Griechenland. Und keine Hoffnung auf einen Ausweg.

Blaise hat eine „Red Card" bekommen, die ihn als Asylwerber ausweist und zum Aufenthalt in Griechenland berechtigt. Auch arbeiten darf er – aber das, sagt er, ist reine Theorie. Als Schwarzer habe er so gut wie keine Chance auf einen regulären Job. Seine Familie schickt ihm Monat für Monat etwas Geld, das reicht gerade zum Überleben. Ohne diese Unterstützung von zu Hause müsste er tun, was viele seiner Kollegen auch tun: Sie sammeln Metall aus dem Müll, oder Karton. Für ein Kilo Karton bekommt man sechs Eurocent. Da müsse man arbeiten bis zum Umfallen, um auf einen Wochenverdienst von 20 oder 30 Euro zu kommen.

Blaise ist einem wenn auch brüchigen Traum gefolgt. Viele andere aber – etwa Flüchtlinge aus Afghanistan oder Syrien – fliehen vor einem Trauma. Niemand weiß das besser als Ioanna Kotsioni, die Migrationsreferentin von „Ärzte ohne Grenzen" Griechenland. Die Organisation versorgt Neuankömmlinge in den Lagern und setzt sich auf europäischer Ebene für ein europaweit gültiges Standardprogramm bei der Neuaufnahme von Flüchtlingen ein – medizinische Diagnose und Versorgung inklusive. Kotsioni macht in unserem Interview darauf aufmerksam, dass Migranten und Asylwerber einen besonders verwundbaren Teil der Gesellschaft darstellen. Viele haben die schockierenden Ereignisse, die sie zur Flucht getrieben haben, noch nicht bewältigt. Aber auch die Flucht selbst kann düstere Erfahrungen mit sich bringen. Die Flüchtlinge werden oft Opfer von Übergriffen durch Schlepper und Schmuggler. Dazu kommt die Desillusionierung bei der Ankunft: Die Schwierigkeiten setzen sich fort; von einem sofortigen Neubeginn mit guten Zukunftsaussichten kann in den meisten Fällen keine Rede sein. Die Psyche reagiert auf die Sorge um die zurückgelassene Familie und um die eigene ungeklärte Situation. „Das Hilfsangebot für die verwundbaren Gruppen der Gesellschaft war in Griechenland traditionellerweise nicht groß", sagt Ioanna Kotsioni. In der Krise aber seien es durch die Knappheit der Mittel und die Einschnitte in Gesundheits- und Sozialsysteme wiederum vor allem die verwundbaren Gruppierungen, die unter die Räder kommen. Und sie appelliert an eine europäische Solidarität: „Sie kommen nach Europa, nicht nach Griechenland. Wir sollten uns also fragen, was Europa tun kann, um wenigstens die grundlegendsten Bedürfnisse dieser verwundbaren Menschen zu stillen."

Apostolos Veizis, einer der Athener „Ärzte ohne Grenzen", macht einer noch frischen Empörung Luft.

„Wie viel ist ein Menschenleben in der Berichterstattung wert?", fragt er und zählt die medialen Ereignisse des Vortages auf. Ein Amoklauf in den USA: breite Berichterstattung in allen Medien, große Betroffenheitsgesten. Außerdem: ein Bombenanschlag in Afghanistan mit über zwanzig Toten: Kurzberichte und routiniertes Entsetzen. Auf Lesbos kam ein Flüchtlingsboot an, mit 22 Leichen an Bord. „Diese Nachricht", sagt Dr. Veizis, „wurde in Europa völlig totgeschwiegen."

„Deine Seele musst du rein halten, was auch geschieht"

Badoo hat Hunger, als wir uns wieder treffen. Bei einem Chicken Salad erzählt er mir seine Geschichte. Er ist nach Europa gekommen in der Hoffnung, große Karriere zu machen – als Fußballer. Seine Familie, seine Freunde und nicht zuletzt seine Mutter waren überzeugt, dass er genug Talent habe, in einem europäischen Verein spielen zu können. Nun ist er schon vier Jahre in Griechenland. Für ein paar Monate konnte er um wenig Geld bei einem Verein in Thessaloniki mitspielen, ansonsten: hoffen und warten und bangen und hoffen. Badoo ist ein optimistischer junger Mann. Das hat er bei seinem Scheich im Senegal gelernt, einem weisen und friedliebenden Mann, erzählt er. Seine Hoffnung ist ungebrochen, obwohl er in den vergangenen Jahren Erfahrungen machen musste, die ihr wenig Nahrung gegeben haben. Auch er hat Bekanntschaft mit rechtsradikalen Schlägertrupps gemacht. Auch er weiß von Menschen, die dabei zu Tode gekommen sind. „Sie fragen dich um die Papiere", erzählt Badoo. „Aber du darfst sie ihnen nicht zeigen, sonst zerreißen sie sie."

Ohne Papiere dazustehen, das möchte Badoo um jeden Preis verhindern. Denn die Red Card ist sehr wichtig: Sie bringt den Zugang zum Gesundheitssystem. Wenn er krank ist oder verletzt, geht Badoo in das Krankenhaus Evangelismos und wird dort gratis behandelt. Im Krankenhaus fühlt er sich wohl. „Dort nehmen sie dich ernst", sagt er.

Mit seinen schönen afrikanischen Gewändern kann sich Badoo über Wasser halten, obwohl durch die Krise alles schwieriger geworden ist. Früher gab es noch kleine Jobs in Bars und Tavernen, aber die werden heute alle von Griechinnen und Griechen übernommen. Die Sorge um die eigene Existenz ist ständig präsent. „Alle, die hierhergekommen sind, haben ihre eigenen Gründe und ihre eigene Geschichte", sagt Badoo. Touristen und Urlauberinnen chinesische Ramschprodukte anzudrehen, davon hat ganz sicher niemand geträumt.

Es ist schwerer geworden, sich mit Straßenverkäufen das Brot zu verdienen, erzählt Badoo. Die Geschäftsleute in den Touristenmeilen reagieren unfreundlich auf die ungeliebte Konkurrenz. Sie rufen die Polizei. Die kommt und vernimmt die Straßenverkäufer in einem nicht als Polizeiauto kenntlichen Lieferwagen. Dann konfiszieren sie die Waren des Unglücklichen. Wem das widerfährt, der ist nicht nur um den Verdienst der kommenden Tage gebracht, sondern auch um das teure Geld, mit dem er seine Uhren oder Handtaschen eingekauft hat. In vielen Fällen bedroht das die Existenz. Aber sich mit Drogenhändlern einzulassen oder andere unerlaubte Dinge zu tun, kommt für Badoo nicht in Frage: „Deine Seele musst du rein halten, was auch geschieht."

„Eigentlich", sagt Badoo, „wollen wir alle nichts wie weg." Wenn irgendwie möglich, versuchen sie nach Zentraleuropa zu gelangen. Viele haben auch das Angebot der griechischen Regierung angenommen, sich ein Ticket nach Hause bezahlen zu lassen und eine kleine finanzielle Starthilfe zu erhalten. Sie sind wieder in ihren Herkunftsländern.

Aber Badoo kann nicht zurück. Nein, das kann er ganz sicher nicht. Denn es war seine Mutter, die ihm die teure Reise nach Europa finanziert hat. 8.000 Euro musste sie für die Tickets und die Schlepper bezahlen. Käme er jetzt unverrichteter Dinge zurück, wäre die Schande riesig. Und nicht nur die Schande, auch die finanzielle Katastrophe wäre besiegelt, denn dann wären 8.000 Euro umsonst investiert. Um das Geld zu erwirtschaften, fuhr Badoos Mutter nach Mali, verkaufte Kleider und Kunsthandwerk. Aber das ist jetzt nicht mehr möglich; in Mali ist Krieg. Nein, er kann nicht zurück, er muss ein großer Fußballer werden. Er ist 23. Ein paar Jahre hat er noch Zeit.

Nach dem Essen fragt er nach Geld. Ich muss es vom Geldautomaten holen. Die kleine Karte, die Geld zutage fördert, macht den tiefen Graben zwischen mir und ihm deutlich. Mir ist es peinlich, ihm ist es peinlich. Nächstes Mal, sagt er, wird er mir dafür schöne senegalesische Sandalen schenken. Er verabschiedet sich und geht die Ermou hinab. Seine hohe Gestalt ragt unter den anderen hervor. Ich sehe ihn elegant zum Strafraum ziehen, schießen und die Arme hochreißen. Aber dann ist er doch wieder nur Badoo, der gekommen ist, sein Glück zu suchen, und es nicht findet. Ein Beladener unter so vielen Beladenen dieser Stadt.

Zum Glück gab es in Griechenland immer auch Menschen, die sich den Migranten zuwendeten, Sprachkurse organisierten, für warmes Essen, juristischen Beistand und medizinische Hilfe sorgten. „Ärzte ohne Grenzen" zum Beispiel organisierte schon in den Neunzigerjahren sogenannte „Sozialkliniken", in denen Menschen ohne Zugang zum Gesundheitssystem behandelt wurden. „Ärzte für die Welt" engagiert sich seit Jahren für die jungen Menschen, die oft unter katastrophalen Verhältnissen leben. Engagierte Gruppen an der Basis sahen und sehen die konkrete Unterstützung für Migrantinnen und Migranten als ihre Aufgabe. Das Know-how, das sie dabei erworben haben, kommt jetzt, da die Zeiten für alle schwer geworden sind, mehr und mehr den Einheimischen zugute.

12. DAS FEUER AN DER TÜR DES ANDEREN. MASSNAHMEN GEGEN DEN HUNGER

Es ist ein Samstag vor Weihnachten. Vor der Kirche Agia Glykeria im Athener Bezirk Galatsi herrscht ungewöhnliche Betriebsamkeit. Ein großer Lieferwagen mit aufgemaltem Fisch-Emblem ist bei der Kirche geparkt. Auf dem Kirchenvorplatz stehen lange Tische. Sie sehen aus wie Verkaufsstände, aber hier wird nichts verkauft, hier wird entgegengenommen. Menschen aus der Umgebung kommen und liefern Medikamente ab, die bei ihnen zu Hause ungenutzt herumgelegen sind. In der Krise bekommen diese Restbestände unvermutet neuen Wert. Manche kommen auch mit Medikamentenschachteln, die sie extra für diesen Zweck gekauft haben. An jedem Samstag findet eine solche Sammlung statt, immer an einem anderen Ort der Metropole. Über Radio und Fernsehen, namentlich den Privatsender SKAI, der die Aktion wesentlich mitträgt, werden die Bürgerinnen und Bürger Athens aufgerufen, Medikamente zur jeweiligen Sammelstelle zu bringen. Denn es gibt viele Menschen, die sie dringend brauchen.

Wir sprechen mit dem Archimandriten der Kirche, Nikolaus Lioslios. Harte Weihnachten stünden bevor, meint er. „Wann es wieder bergauf gehen werde, das weiß nur Gott." Ich frage ihn, ob er meint, dass die Solidarität in Griechenland durch die Krise zugenommen habe. Viele Menschen seien für die Not der anderen sehr sensibel geworden, sagt er. „Wenn das Feuer an die Tür des Nachbarn klopft, ist es sehr wahrscheinlich, dass es auch zu dir kommt."

Das Auto mit dem Fisch-Emblem gehört der Caritas-Organisation der griechisch-orthodoxen Kirche der Diözese Athen, die die Aktion betreut. Sie heißt „Apostolí", zu Deutsch „Mission". Der Athener Erzbischof, Metropolit Ieronymos II., hat sie 2010 gegründet, nachdem die Vorgängerorganisation mit einem Finanzskandal in die Schlagzeilen geraten war.

Apostolí-Leiter ist der ehemalige Journalist Nikos Dimtsas. „Auch in der Krise soll niemand ohne Arzt, ohne Medikamente und ohne Lebensmittel sein müssen", sagt er. Das mit dem Feuer an der Tür des Nachbarn gilt für ihn auch auf europäischer Ebene. „Europa muss verstehen, dass das Problem kein griechisches Problem ist, sondern ein europäisches. Es ist nicht von Griechenland ausgegangen. Es breitet sich in ganz Europa aus. Heute ist Griechenland dran, morgen vielleicht schon Deutschland oder Österreich."

Der Apostolí-Chef hält sich auch mit seiner politischen Sicht der Dinge nicht zurück. „Die Krise ist gemacht", sagt er. „Wenn ihr niemand ein Ende setzt, wird man ernten, was man gesät hat. Rechtsextreme Strömungen werden überall in Europa Aufwind bekommen."

Mit dem SKAI-Team fahren wir zu einer zweiten Sammelstelle. Altes und neu gekauftes Spielzeug wird dort abgegeben – für Kinder, deren Eltern kein Geld für Spielsachen haben. Ich spreche mit der SKAI-Reporterin Luisa Krontiri, die einen Bericht für die Abendnachrichten gestaltet. „Ich persönlich", sagt sie, „fürchte am meisten, dass die Krise die Menschen gegeneinander aufbringt. Mit allen Kräften versuchen wir, diesen Prozess aufzuhalten. Wenn wir gemeinsam handeln, können wir die Krise überwinden."

Was mir mit der Fernsehkamera verwehrt bleibt, war bei einer Journalistenreise zwei Monate zuvor möglich: ein Besuch im Logistikzentrum des kirchlichen Kampfes gegen den Hunger. Wir fahren zu einem Militärgelände außerhalb von Athen. An salutierenden Soldaten, Baracken und einem Schießübungsgelände vorbei geht es zu einer großen Lagerhalle, in der freiwillige Helferinnen und Helfer Lebensmittel nach Ablaufdatum sortieren und dann in weiße Schachteln mit dem Apostolí-Aufdruck verpacken. Die Not verlangt offensichtlich generalstabsmäßiges Vorgehen. Zu einem großen Teil stammen die Lebensmittel aus Supermärkten, in denen hinter den Kassen Spendenkörbe stehen. Die Menschen sind eingeladen, bei ihren Einkäufen die Armut im Land mitzubedenken – und tun es in beachtlichem Ausmaß. Allein im ersten Jahr der Aktion konnten an die 1.000 Tonnen verteilt werden.

Die Essenspakete werden zum Beispiel in „sozialen Lebensmittelläden" ausgegeben. Dort kommen Menschen hin, die von der Behörde einen Berechtigungsschein erhalten haben, und holen sich eine auf die Größe ihrer Familie abgestimmte Ration von Grundnahrungsmitteln. Als die Journalistenrunde einen solchen Laden im Bezirk Kallithea besucht, kommt ein Mann aus der Nachbarschaft sichtlich und hörbar erregt auf die Gruppe zu und wiederholt mit immer lauterer Stimme, was ihm am Herzen liegt. „Die Leute, die sich hier ihr Essen holen, schämen sich dafür", schreit er. „Dabei müssten sich doch die schämen, die das Schlamassel verursacht haben!"

Später bestätigt uns die Leiterin des sozialen Lebensmittelladens, dass es den Menschen nicht leichtfalle, hierherzukommen. „Eigentlich", sagt sie, „möchte ich nicht so leben. Ich hoffe, dass wir bald überflüssig werden." Aber danach sieht es derzeit nicht aus.

„Metanoia", radikale Neuorientierung, ist das Gebot der Stunde

2013 hat Apostolí die Hilfe noch ausgeweitet und zum Beispiel auf Berichte von Kindern, die in der Schule ohnmächtig werden, reagiert. Ihre Familien erhalten nun ebenfalls Nahrungsmittelhilfe.

Ein großer Vorteil der Kirche im Kampf gegen den Hunger ist ihre dezentrale Struktur. In den Pfarren werden insgesamt täglich etwa 10.000 Mittagessen gekocht. Es sind vor allem ältere, kocherfahrene Frauen, die sich für diese Mühe zur Verfügung stellen.

Als wir die Ausspeisung in der Pfarre St. Nikolas in Kallithea besuchen, erscheint es mir, als seien die „Ausgesteuerten" der österreichischen Zwischenkriegszeit zurückgekehrt: Menschen ohne Arbeit, ohne Einkommen – und vor allem ohne Hoffnung, dass sich das ändern könnte.

„Ich hatte einen Betrieb", erzählt ein Mann, „aber plötzlich blieben die Aufträge aus. Ich musste zusperren und habe nicht einmal Anspruch auf eine Pension. Was soll ich jetzt machen? Ich bin 59. Mit diesem Alter nimmt mich niemand mehr." Eine ältere Frau klagt, sie sei schon vier Monatsmieten schuldig, der Vermieter werde sie bald hinauswerfen. „Es wird jeden Tag schlimmer", sagt sie. „Es ist keine Besserung in Sicht." Ein anderer Mann erzählt, dass er selbst und seine Frau arbeitslos sind. „Ohne die Unterstützung der Kirche wären wir am Ende", sagt er. Es ist ein Ort, an dem wie kaum anderswo sichtbar wird, was Krise und Sparpolitik für die Menschen bedeuten. Schwermut und Niedergeschlagenheit sind deutlich spürbar. Eine Depression im doppelten Sinn des Wortes.

Nicht nur die Kirchen kochen. Auch viele Stadtgemeinden versorgen ihre Bürger. Privat organisierte Suppenküchen wurden gegründet. Eine Hausbesitzerin erzählt mir, dass sie von ihren Mietern kein Geld mehr verlangen könne. Stattdessen hat sie angefangen, für die verarmten Familien täglich zu kochen. Das ganze Land bäumt sich auf gegen den Hunger.

„Was ist das für ein Europa?", fragt Patir Maximos, der Generalvikar der Athener Erzdiözese. Wir sitzen in einem Nebenraum seiner Kirche Agios Panteleimonas, in einem der kulturell vielfältigsten und problemreichsten Viertel Athens. Die Vielzahl an illegalen Immigranten sei eine Frage, die man nicht den Rechtsradikalen überlassen dürfe, sagt Patir Maximos. Der Staat habe sich viel zu lange überhaupt nicht darum gekümmert. Jetzt brauche Griechenland die Hilfe und die Solidarität Europas, um mit dem Problem fertig zu werden.
Genau diese Solidarität Europas vermisst der Generalvikar aber auch im Hinblick auf die Finanzkrise. „Ich sehe, dass die einen über Millionen verfügen und die anderen immer ärmer werden. Das verstehe ich nicht. Wir reden immer von Demokratie und Menschenrechten. Aber ich kann nicht begreifen, was das für ein Europa sein soll, in dem Menschen im Abfall nach Essen suchen. Das verstehe ich nicht. Ich meine, die politische Führung ist dafür zuständig zu verhindern, dass die einfachen Leute diese Last der Schulden tragen müssen." Auch von den Kirchen Europas erhofft sich der Generalvikar deutlichere Unterstützung in der Not. „Die Kirchen sollten etwas sagen, wenn sie sehen, dass das Bild des Menschen mit Füßen getreten wird."

Klare Worte. Dabei genießt die griechisch-orthodoxe Kirche bei vielen Landsleuten nicht den allerbesten Ruf. Sie gilt – schon seit der osmanischen Zeit – wegen ihrer Staatsnähe als allzu macht- und privilegienbewusst. Geschichten über korrupte Priester oder Bischöfe sind schnell zur Hand. Wann immer die Rede auf die Kirche kommt, sagt jemand in der Runde: Die Kirche wäre doch so reich, sie müsste viel mehr zur Bewältigung der Krise beisteuern.
Dagegen verweisen Priester auf eine Eigentümlichkeit des griechischen Staatskirchenrechts, die es mit sich bringt, dass die Kirche über den Großteil ihrer Besitztümer – etwa Wälder und Ländereien – gar nicht verfügen kann. Auf Betreiben des Erzbischofs ist ein Gesetz in Vorbereitung, das der Kirche gestatten soll, wenigstens auf einen Teil ihres Besitzes zuzugreifen – mit der

Auflage, die Erträge für soziale Zwecke zu verwenden. Doch ob dieses Gesetz jemals beschlossen wird, ist unklar.

Jedenfalls hat sich die Kirche in der Krise bewegt und reagiert. Ihr Beitrag zur Linderung der Not ist substantiell. Motor ist der Athener Erzbischof Ierony-mos II. Ich begegne ihm mit der Journalistenrunde in seinen Amtsräumen. Der Mann mit weißem Haar und weißem Bart wirkt bescheiden, fast scheu, und spricht mit leiser Stimme. Aber seine Worte haben Gewicht.

Metropolit Ieoronymos zeigt sich von der Europäischen Union schwer ent-täuscht, so sehr, dass er eigentlich nichts mehr von ihr erwartet. „Das heutige Europa ist nicht das Europa der Visionen", sagt er. Griechenland habe viele Krisen überlebt, darunter – als schlimmste – die deutsche Besatzung und den Hungerwinter von 1941. Damals, sagt er, sei das Volk einig gewesen und konnte darum die Krise überstehen. Neben der materiellen Hilfe sei das heu-te die Hauptaufgabe der Kirche: Sie müsse vor allem der Psyche helfen, die Einheit des Volkes unterstützen und innere Konflikte vermeiden helfen. Man müsse versuchen, die Menschen zu ermutigen, selbst aktiv zu werden und nicht auf die großen Mächte zu warten. Kritisch gegenüber dem eigenen Land vermerkt er dann, Griechenland habe sich einer europäisch-amerikanischen Kultur des Reichtums ergeben – dem Versuch, mit weniger Anstrengung mehr Profit zu erzielen.

Von vielen Priestern und Bischöfen werde ich diesen Gedanken noch hören: Die Krise habe nicht nur wirtschaftliche, sondern vor allem moralische Ursa-chen. Eine Metanoia, eine radikale Neuorientierung sei das Gebot der Stunde.

Wer verarmt ist, trägt das nicht zur Schau. Im Gegenteil: Viele versuchen es zu verbergen, solange es geht. „Wir müssen nach ihnen fragen, sie suchen und besuchen", erzählt Vater Michalis in Heraklion. Wir sitzen im Kaffee-hausschatten nahe der Kathedrale. So gut es geht, steht auch die Kirche in der kretischen Hauptstadt den Armen mit Essen und Sachspenden zur Seite. Michalis lebt selbst weder privilegiert noch im Überfluss. Sein Gehalt wird vom Staat bezahlt und ist in der Krise stark gesunken wie die Gehälter ande-rer Beamter auch. Früher ist er – mit einigen Zusatzeinkünften für Taufen und Hochzeiten – auf etwa 2.700 Euro pro Monat gekommen. Jetzt sind es nur mehr tausend. Davon muss er seine Miete zahlen, seine Frau und seine drei Kinder ernähren – und für die hohen Steuern aufkommen. Selbst für Kinder zahlt man neuerdings in Griechenland Steuern – 400 Euro pro Jahr muss Michalis für sein drittes Kind abliefern. Er hatte sich mit dem Gedanken getragen, ein Haus zu bauen und dafür einen Kredit aufzunehmen. „Zum Glück habe ich das nicht gemacht", lächelt er. Die Krise kam ihm zuvor. Und dabei verdient er als Priester mit abgeschlossenem Studium noch viel besser als andere, die oft mit nur 500 Euro im Monat auskommen müssen. Reiche Kirche? „Eines ist sicher", sagt Michalis. „Wenn die Kirchen zusperren, gibt es am nächsten Tag eine Hungerrevolte."

13. GROSSALARM GESUNDHEIT. DAS SYSTEM PFEIFT AUS DEM LETZTEN LOCH

Fahrräder sind in Athen zwar im Kommen, aber wer sich auf den Drahtesel schwingt, tut das immer noch mit dem Gefühl, zu einer Avantgarde zu gehören. Einen von diesen Pionieren des umweltfreundlichen und gesundheitsbewussten Verkehrs, einen jungen Akademiker, ereilte das Missgeschick eines schweren Sturzes. Mit einem komplizierten Schulterbruch wurde er in ein öffentliches Krankenhaus eingeliefert.

Dort klärte ihn eine Ärztin über die Schwere seiner Verletzung auf und teilte ihm in aller Offenheit mit, dass man ihn hier nicht nach dem letzten Stand ärztlicher Kunst würde behandeln können, weil man die entsprechenden Materialien nicht zur Verfügung habe. „Sie sind jung", sagte sie, „Sie müssten damit dann ein Leben lang leben." Der Verletzte sah sich veranlasst, ihrem Vorschlag zuzustimmen: Sie würde ihm eine hohe Dosis an Schmerzmitteln verabreichen – so viel, dass er es schaffen würde, das öffentliche Krankenhaus zu verlassen und in eine Privatklinik zu wechseln. Von den 14.000 Euro, die für die Behandlung zu berappen waren, zahlte am Ende immerhin 11.000 die Versicherung.

Es wäre verfehlt zu behaupten, dass das griechische Gesundheitswesen vor der Krise vorbildlich gewesen wäre. Eleni und Nikos, strahlende Eltern des kleinen Thodor, beschlossen angesichts knapper Finanzen zur Entbindung nicht in eine Privatklinik zu gehen. Ein Dreibettzimmer hätte dort 1.200 Euro für vier Tage gekostet, plus 1.400 Euro für den behandelnden Arzt. Im öffentlichen Krankenhaus kostete der Aufenthalt lediglich 60 Euro. Beide waren dann aber höchst erstaunt zu sehen, dass der Arzt keinerlei Extrahonorar verlangte. Nur für den Anästhesisten wurden 200 Euro fällig. Die „Fakelaki" –

Freundschaft erhaltende Kuverts – waren auch im medizinischen Bereich gang und gäbe. Oft, erzählt Nikos, wollten sich die Patienten selbst erkenntlich zeigen, um sich die Gunst des Arztes für ein mögliches nächstes Mal zu erhalten. Allzu schnell hätten sich die Ärzte daran gewöhnt. Und selbstverständlich seien auch gewisse Privilegien – Wahl des Arztes, terminliches Entgegenkommen – mit den Fakelaki verbunden gewesen. Im Zuge der Krise und strengerer Kontrollen im öffentlichen Dienst dürfte diese Praxis zurückgegangen sein, vermuten meine Gesprächspartner.

Auch Apostolos Veizis von „Ärzte ohne Grenzen" verweist im TV-Interview mit uns darauf, dass es im Gesundheitssystem schon vor der Krise Probleme gegeben hat. Jetzt aber, durch die massiven Sparmaßnahmen, kommt die medizinische Versorgung der Menschen von zwei Seiten unter Druck: Zum einen vermindern drastische Budgetkürzungen das Angebot in Qualität und Umfang. Zum anderen haben immer mehr Menschen zum staatlichen Gesundheitssystem keinen Zugang mehr. Die Gruppe derer, die von jeglicher Hilfe abgeschnitten sind, wächst rasch. Für Veizis ist das Sparen an Gesundheits- und Sozialsystem genau das, was man auch in einer Krise keinesfalls tun dürfe. Denn was jetzt – scheinbar – eingespart wird, verursacht in naher Zukunft höhere Kosten. Der engagierte Arzt bringt Beispiele: Wenn jemand seinen hohen Blutdruck aus Kostengründen unbehandelt lässt, wächst die Gefahr eines Infarktes oder Schlaganfalls – mit viel höheren Kosten für das System. „Ärzte ohne Grenzen" beobachtet mit Sorge, dass zunehmend Kinder nicht geimpft werden, weil sich die Eltern den Besuch beim Kinderarzt nicht mehr leisten können – eine Entwicklung, die ein hohes Risiko auch für die Gesamtbevölkerung mit sich bringt.

Die öffentliche medizinische Versorgung ist – auch für die, die versichert sind – teuer geworden. Für jeden Besuch beim Arzt und im Spital wird eine Grundgebühr verrechnet. Für Medikamente müssen die Patienten in der Regel 25 Prozent selbst zahlen, darunter auch chronisch Kranke und Menschen, die – wie etwa Krebspatienten – sehr teure Medikamente brauchen. Immer wieder kommt es zu Engpässen bei Medikamenten, was zu Therapie-Unterbrechungen führt. Manche Arzneimittel sind in Griechenland überhaupt nicht mehr zu haben, erzählt mir ein Arzt. Die wirtschaftliche Situation auch der Ärzte sei mittlerweile sehr schwierig geworden. Die Zahlungen der Versicherung erfolgten oft nur mit monatelanger Verspätung. Der Doktor weiß von einem Krankenhaus, in dem seit 18 Monaten keine Gehälter gezahlt werden konnten, weil die Versicherung säumig ist. Medizinische Laboratorien, aber auch Ärzte, halten dem wirtschaftlichen Druck nicht mehr stand, stellen die Arbeit ein. Viele gut ausgebildete Mediziner gehen ins Ausland. Krankenhäusern, erfahre ich, fehlt es bisweilen an Basisausstattung wie Spritzen oder Toilettenpapier. Einige Kliniken werden eingespart und geschlossen. Es ist ein Drama, nicht zuletzt für die vielen engagierten Menschen in den Gesundheitseinrichtungen.

Besonders prekär aber ist die Lage für die Menschen, die arbeitslos sind und nach gewisser Zeit keine Arbeitslosenunterstützung mehr erhalten. Zu diesen offiziell 27 Prozent kommen noch die Selbständigen, die ihre Betriebe zusperren mussten, sowie Freiberufler, die nicht genügend „Versicherungstage" aufweisen können. Sie alle fallen aus der Krankenversicherung und sind völlig ohne Schutz. Dabei handelt es sich nicht um wenige Einzelfälle: 30 Prozent der Gesamtbevölkerung, sagen profunde Schätzungen, haben keine Krankenversicherung mehr.

Mit ganzer Kraft gegen die humanitäre Katastrophe

In seinem noblen Büro im Rathaus des nördlichen Stadtbezirks Maroussi warten wir auf den Bürgermeister, Jiorgos Patoulis. Den Mann, der zu Ostern medienwirksam schon einmal 130 Lämmer für obdachlose Menschen spendet, nennen Journalisten „Pantoulis", nach dem griechischen Wort für überall, „pantou", denn Patoulis taucht ihrer Beobachtung nach auch dort auf, wo man ihn nicht erwartet hat. Am Vortag haben wir ihn auch schon getroffen, bei der Medikamenten-Sammelaktion in Galatsi. Der Bürgermeister hat noch eine zweite wichtige Funktion inne. Er ist Vorsitzender der Athener Ärztekammer. Als Patoulis endlich Zeit für uns hat, spricht er Klartext: „Wir Ärzte müssen alles tun", sagt er, „damit aus dieser Finanzkrise keine humanitäre Katastrophe wird."

Die Ärztekammer hat mit „Apostolí" eine große „soziale Klinik" eingerichtet. Haus- und Fachärzte stehen dort unentgeltlich zur Verfügung; wer keine Versicherung mehr hat, wird dort behandelt. Dr. Eleni Doulianaki, eine junge Kinderärztin, die ihre Ausbildung am Wiener AKH absolviert hat und sehr gut Deutsch spricht, führt uns durch die Einrichtung. Es sieht aus wie in anderen Gesundheitseinrichtungen auch. Ein Anmeldungs- und ein Wartebereich, mehrere Untersuchungszimmer. Ein Raum ist angefüllt mit Säcken voller Medikamentenschachteln. Das sind die Arzneien, die an Samstagen von SKAI-TV und Apostolí gesammelt werden.

Natürlich braucht eine solche Sammelaktion professionelle Betreuung. In einem großen Raum daneben sehen wir Apothekerinnen und Apotheker sowie freiwillige Helfer bei der Arbeit. Die Medikamente müssen sortiert werden, nach Wirkungsbereich und nach Ablaufdatum, sie müssen einsortiert und – gegebenenfalls – auch versandt werden. Vor allem von oft sehr unterfinanzierten Gesundheitseinrichtungen auf den Inseln kommen zahlreiche Anfragen, sagt man uns.

Während draußen die ersten Patientinnen und Patienten ins Wartezimmer strömen, habe ich Gelegenheit, mit Ärzten zu sprechen. Isidoros Neroutsos, ein Lungenfacharzt, erzählt uns, dass es ihn in seinem Beruf nie interessiert habe, sehr viel zu verdienen. Er wollte etwas für die Gemeinschaft tun. Darum war es für ihn – wie für viele andere Ärzte – klar, sich als Pensionist ehrenamtlich für die gute Sache zur Verfügung zu stellen. Einige Stunden unbezahlte Arbeit ist ihm die Sache wert. „Wir machen uns Gedanken um den anderen Menschen, um den Obdachlosen, den Armen, der an den Rand gedrängt wurde. Es liegt nicht an ihm. Die Umstände haben ihn in diese Situation gebracht und aus der Gesellschaft verdrängt." – Dann hält er kurz inne und sagt mit einem ironischen Lächeln: „Derzeit sind wir ja alle gefährdet, aus der Gesellschaft verdrängt zu werden."

Von dem Internisten Nicolas Kalliakmanis, einem würdigen älteren Herrn mit schlohweißem Haar und dunkler Brille, möchte ich wissen, ob es stimme, dass die Ärzte für ihren freiwilligen Einsatz sogar die Parkplatzgebühren selbst bezahlen. „Nicht nur den Parkplatz", lächelt er, „sondern auch das Benzin." „Wie konnte das Land in eine solche Misere geraten?", frage ich den Arzt. Dr. Kalliakmanis überlegt einen Moment. Dann sagt er: „Ich weiß es nicht. Aber ich sehe, dass das griechische Volk leidet und sich in einem Ausnahmezustand befindet. Darf ich Ihnen noch etwas sagen? Ich weiß nicht, wer uns regiert."

Natürlich kann die soziale Klinik nicht alle Krankheiten behandeln. So gut es geht, versucht man schwerere Fälle doch im Regelbetrieb unterzubringen. Krankenhäuser wie das Krebsspital „Elpis" (Hoffnung) tun alles Menschenmögliche, um denen, die sie brauchen, eine Behandlung zu ermöglichen. Laboratorien helfen mit, indem sie bereit sind, eine gewisse Anzahl von Ana lysen gratis zu erstellen. „Apostolí" hat ein Programm gestartet, bei dem mit Spenden teure Behandlungen – Chemotherapien zum Beispiel – finanziert werden. Aber das Ausmaß des Problems ist einfach zu riesig.

Dr. Doulianaki zeigt sich im Interview äußerst besorgt über die Entwicklungen. „Das ist kein Sparen", sagt sie. „Das ist eine Panikreaktion unserer Politiker, um in kurzer Zeit Ausgaben zu reduzieren – ohne langfristig zu denken, ohne einen Plan für die Entwicklung der Gesundheitspolitik zu haben." Das Einzige, was der jungen Ärztin Hoffnung macht, ist zu sehen, dass die Menschen bereit sind, einander zu helfen und füreinander einzustehen. Sie selbst tut ihre Arbeit wie alle anderen hier unentgeltlich. Und dabei ist sie auch selbst – erst auf Nachfrage bringt sie es aufs Tapet – arbeitslos.

In ganz Athen, in ganz Griechenland haben sich Ärztinnen und Ärzte entschlossen, mit ehrenamtlicher Zusatzarbeit zu helfen. Sie organisieren sich in Ärzte-Netzwerken, indem sie nichtversicherte Patienten in ihren Praxen empfangen. Oder sie versehen eben einige Stunden Dienst in einer der sozialen Kliniken.

In der Kanigos, einer zentral gelegenen Straße mit besonders vielen aufgelassenen Geschäftslokalen, steigt man – einen Lift gibt es nicht – steile Treppen hinauf in den ersten Stock. Dort ist eine kleine Wohnung ebenfalls als soziale Klinik eingerichtet. Ein Netzwerk von 105 Menschen hat die Sache in die Hand genommen. Alexandra, die sich für die Klinik engagiert, führt mich durch die kleinen Zimmer. Ein Zahnarzt, der auch mit im Team ist, hat einen alten Behandlungsstuhl zur Verfügung gestellt. Leider muss in dem Raum, in dem gebohrt und plombiert wird, auch das Sekretariat seinen Platz finden. Die Medikamente der „Sozialapotheke" sind platzsparend in Wandschränken des Vorraums und der Behandlungszimmer gestapelt. Der Platzmangel ist eklatant. Das Team hofft, ab Herbst die Nachbarwohnung dazumieten zu können. Träger dieser kleinen Sozialklinik ist nicht die Kirche, sondern ein soziales Netzwerk, das von der Organisation „Solidarität für alle" unterstützt wird. Etwa 40 Ärzte wechseln sich ab, um jeweils zwei bis drei Stunden gratis zu ordinieren. 50 Menschen pro Tag können behandelt werden. Zehn Sozialkliniken gibt es derzeit (Stand August 2013) in Athen, 47 in ganz Griechenland.

„Unser Problem ist die zweite Stufe", sagt Alexandra, eine – arbeitslose – Übersetzerin aus dem Deutschen. „Wenn jemand eine Blutuntersuchung oder ein anderes Diagnoseverfahren braucht, sind wir auf den Goodwill anderer Institutionen angewiesen." Auch die Klinik in Kanigos hat Freunde in Labors und Krankenhäusern, die helfen, so gut es geht. Aber ihre Möglichkeiten sind natürlich beschränkt. Über Sponsoren hofft man, wenigstens ein – vielleicht gebrauchtes – Blutanalysegerät anschaffen zu können.

Immer noch und immer weiter fallen Menschen aus der Versicherung. So groß das Engagement der Sozialkliniken ist, sie können die Gesundheitsversorgung nicht ersetzen. „Wir werden viele Patienten verlieren", sagt Dr. Doulianaki. Selbstmord ist nicht mehr die einzige krisenbedingte Todesursache. „Die humanitäre Katastrophe ist längst im Gang", sagt Alexandra. Und obwohl der Einsatz groß ist: „Wir sind nur ein Tropfen im Ozean."

Meine Besuche in den sozialen Gesundheitseinrichtungen hinterlassen in mir zwiespältige Gefühle. Einerseits bin ich fasziniert, mit welcher Selbstverständlichkeit sich hier Menschen für andere einsetzen – unentgeltlich und vermutlich sehr oft auch unbedankt. Andererseits bin ich entsetzt, dass das notwendig ist. Ein Land im medizinischen Ausnahmezustand.

14. „DIESES LAND LIEBT MICH NICHT MEHR." LEBENSENTWÜRFE SCHEITERN AN DER MATHEMATIK

Der Platz im Athener Zentrum hat einen sprechenden Namen. Plateia Klafthmonos, der Klageplatz. Die Bezeichnung geht auf königliche Beamte zurück, die mit dem Tod oder der Abdankung des Monarchen ihren Posten verloren und sich an dieser Stelle versammelten, um ihr Los zu beklagen. An diesem Tag im Juli sind es wieder Beamte, die sich hier versammeln, um ihrem Zorn und ihrer Verzweiflung Ausdruck zu verleihen. Es gibt keinen König mehr, der sterben könnte, und eigentlich sind Beamte unkündbar. Aber die Troika hat eine empfindliche Reduktion der Beamtenzahlen vorgeschrieben. Also findet die Regierung Möglichkeiten, sie loszuwerden. Auf die Stadtpolizei zum Beispiel wird man in Zukunft ganz verzichten.

Viele der Demonstrantinnen und Demonstranten tragen die grünen Uniformen dieser Beamtengruppe. Einige von ihnen sitzen auf ihren Motorrädern; die weißen Helme leuchten in der Sonne. Die Gesichter mit hinter großen Sonnenbrillen verborgenen Augen sind schwer lesbar. Pokerfaces wie im Dienst. Gekommen sind auch viele andere Beamte, aus allen Athener Stadtbezirken, mit Trillerpfeifen und Plakaten, um gegen die drohenden, nein, die beschlossenen Kündigungen zu protestieren.

Zwischen den Demonstrantinnen und Demonstranten, die sich in der Gluthitze versammeln, verkauft ein Mann eisgekühltes Wasser. Er macht ein gutes Geschäft. Aus dem Lautsprecher kommt laute Musik. Lieder, die zum Kampf ermutigen. Darunter eines, das ich gut kenne: das Lied von der Schwalbe aus „To Axion Esti" von Theodorakis. Es handelt von dem Land, das noch viel durchmachen muss, bis viele Schwalben einen Sommer machen. Nach einigen selbst erlebten Demonstrationen vermute ich, dass keine einzige ohne dieses Lied auskommt. Auch für mich ist es bereits zum Ohrwurm geworden. Ein großes Transparent macht das Anliegen deutlich. „Wir sind Menschen", heißt es da. „Wir werden keine Zahlen werden." Darunter klären Zahlen über Menschen auf: 1,5 Millionen Arbeitslose im privaten Sektor. 450.000 unbezahlte Arbeitnehmer. Dann eine Liste derer, die von den Kündigungen betroffen sind: 3.500 Stadtpolizisten, 2.200 Schulwarte, 2.400 Technikprofessoren, 6.000 auf Zeit beschäftigte Vertragsbedienstete – und 2.500 Angestellte des staatlichen Rundfunks ERT. Unter dem Plakat ein Transparent: „Nein zum Abbau von sozialen Errungenschaften" steht darauf.

Man zieht vom Platz der Klage zu dem der Verfassung und vereinigt sich dort, vor dem Parlament, mit einem zweiten Marschblock, der aus der Panepistimiou-Straße kommt. Die Demonstrantinnen und Demonstranten haben Sprüche auf ihre Transparente gemalt. Wie ein Refrain zwischen den Strophen taucht immer wieder ein Wort auf, groß und rot geschrieben: Ochi! Nein!

Hinter dem Wald von Transparenten tanzen die Evzonen ihre Wach-und-Ehre-Choreografie, werfen Beine und Hände hoch in die Luft, spreizen die Füße in aberwitzigen Winkeln. Das sieht leicht aus und ist sauschwer. Eine schweißtreibende Angelegenheit jedenfalls. Als sie wieder neben ihren kleinen Häuschen stehen, trocknet der diensthabende Offizier die Gesichter der beiden Wachsoldaten und überprüft ihre Adjustierung. Nichts stört die Routine. Die Demonstranten auch nicht. Die wissen hinter der Absperrung nicht so recht, in welche Richtung sie ihre Transparente halten sollen: zum Parlament hin, wo sie vermutlich niemand liest? Oder in Richtung Leidensgenossen, die all die Sprüche schon kennen und nicht mehr erwarten, dass sie etwas ändern können? Manche entscheiden sich für eine Doppelstrategie, erst hierhin, dann dahin. Die beiden Männer mit dem unvermeidlichen Merkel-ist-Hitler-Plakat sitzen schon ermattet auf dem Gehsteigrand. Oben, auf der Rampe des Parlaments, gehen von Zeit zu Zeit Wach- und Polizeieinheiten von einer Seite zur anderen, als wollten sie zwischendurch an ihre Präsenz erinnern. Ein Trupp ist mit Gasmasken ausgestattet. Sie tragen sie wie Touristenkameras vor der Brust. An den beiden Ecken des Gebäudes stehen schwer bewaffnete Polizisten mit Helmen. Sie sind zu weit weg, als dass man mit freiem Auge ihre Züge erkennen könnte. Aber sie sind nah genug, um die Menge zu beobachten. Sie werden heute nicht eingreifen müssen, das Tränengas wird in den Patronen bleiben. Die Proteste sind friedlich geworden in Athen.

Als Folge jahrelanger Klientelpolitik ist der Staatsapparat aufgebläht. Allerdings: So schlimm, wie manche sagen, ist es nun auch wieder nicht. Was die Anzahl der Beamten betrifft, ist sie mit jener in anderen EU-Staaten durchaus vergleichbar. (In einer Statistik von 2008 hatte Griechenland eine niedrigere Beamtenquote als Österreich, und beide Länder lagen deutlich unter dem EU-Durchschnitt.) Aber die öffentlich Bediensteten sind in der Misere eine besonders viel gescholtene Berufsgruppe. Beklagt wird ihre mangelnde Effizienz. Man sagt ihnen Korruption nach und schlechte Arbeitsmoral, Überzahlung und Privilegien. Jeder und jede weiß eine Geschichte zu berichten, wie schlecht man auf diversen Ämtern behandelt wurde, wie schwierig es sei, in Griechenland mit der Bürokratie zu Rande zu kommen. Auf Drängen der Troika muss die Zahl der Beamten nun verringert werden. Empfindliche Gehaltseinbußen mussten sie schon hinnehmen; jetzt stehen Kündigungen ins Haus. Etwa 10.000 öffentlich Bedienstete sollen in eine „Arbeitsreserve" übernommen werden. Findet sich für sie kein neuer Job in der öffentlichen Verwaltung, werden sie entlassen.

Die nötigen gesetzlichen Regelungen werden erst nach der Beamtendemonstration im Parlament verabschiedet werden. Im August – zu jener Zeit also, in der viele Menschen vor der Hitze aus der Stadt flüchten – beschließt das Parlament, die Kündigung von Beamten zu vereinfachen. Von denen, die in „Arbeitsreserve" übernommen werden sollen, kommt der Löwenanteil von etwa 3.000 Menschen aus dem Innenministerium. Aber schon an zweiter Stelle steht das Gesundheitsministerium. Krankenhäuser werden geschlossen, Ärzte in Spitäler mit Personalmangel versetzt. Endgültige Kündigungen von Ärzten schließt der Gesundheitsminister aus. Aber auch das kann sich schnell ändern – obwohl der Ärztemangel in vielen Bereichen bereits eklatant ist.

Der Ökonom Leonidas Tzonis, den ich zu einem Mittagessen in seiner Universität treffe, bringt für die Existenzsorgen der Beamten nur begrenztes Verständnis auf. Ein Jahr lang, sagt er, hat man nun überlegt, ob man sieben oder siebeneinhalb Prozent der Beamten kündigen soll. „Dabei denkt kaum einer an die Privatwirtschaft." Er zitiert die jüngsten Zahlen, die ihm zur Verfügung stehen: Allein im Februar 2013 wurden 144.000 Menschen im privaten Sektor arbeitslos. „Das sind fast siebentausend pro Arbeitstag", rechnet er mir vor.

Zur Demonstration sind dennoch nicht nur die öffentlich Bediensteten gekommen. Katerina, eine etwa vierzigjährige Inhaberin eines Computershops, weiß sich mit den Beamtinnen und Beamten solidarisch. „Wie kann man die nur jetzt alle kündigen?", fragt sie, „wo es doch in der Privatwirtschaft derzeit so gut wie keine Jobs gibt?" Wer wird für sie sorgen, wenn die Arbeitslosenunterstützung ausläuft und ihr Erspartes verbraucht ist? Ihr eigenes Geschäft ist offen – „noch", sagt sie und lächelt bitter. Aber auch ihre Lage ist kritisch. „Wir verdienen zu wenig, um unsere Steuern zu zahlen", klagt sie. Dann gibt sie sich kämpferisch. „Wir werden das alles irgendwie schaffen, wir sind Griechen." Nur: Was hinterlassen wir unseren Kindern?"

Plötzlich brandet Applaus auf. Auf der Rampe vor dem Parlamentseingang nehmen Männer und Frauen der linken Partei „Syriza" mit einem riesigen Transparent Aufstellung und winken den Demonstranten siegessicher zu. „Lasst uns die Regierung feuern", steht auf dem Transparent. Für einen Moment ergibt sich das Bild einer Zukunft, die sich viele wünschen und die viele andere fürchten: Unten ein Transparent einer von Mikis Theodorakis gegründeten Bewegung namens „Spitha", „Funke", mit der Botschaft: „Die Leidenschaft für die Freiheit ist stärker als alle Gefängniszellen – Troika, verschwinde aus Griechenland und Zypern" – und oben Syriza, die Hoffnung auf eine Alternative. Freilich: Wie diese Alternative aussehen soll, darauf bleiben die Antworten vage.

Was sich nicht ausgeht, geht sich nicht aus

Bettina und Grigoris haben eigentlich Glück gehabt. Sie sind zwar auch Beamte, aber ihre Kündigung steht – zumindest vorläufig – nicht zur Debatte. Bettina arbeitet in der Verwaltung der Straßenreinigung, ein Bürojob, der an Wochenenden auch Geld für Überstunden einbringt. Grigoris ist Gärtner. Zusammen wurden sie von ihrer Arbeit zwar nicht reich, aber es war doch genug, um sich etwas Wohlstand zu schaffen. Die beiden haben zwei entzückende Mädchen, Danae und Kristina. Ein Vergnügen zuzusehen, wie sie mit einem Plüsch-Weihnachtsmann tanzen, aus dem Musik kommt. Das Einkommen, das Bettina und Grigoris zu zweit erwirtschafteten, belief sich auf etwa 2.500 Euro. Das ermutigte die beiden, sich eine hübsche Wohnung im Bezirk Illioupolis zu kaufen, mit einem kleinen Garten und wenig Verkehr vor dem Haus. Natürlich mussten die beiden dafür einen Kredit aufnehmen; 1.000 Euro monatlich waren zu veranschlagen, um ihn zu bedienen. Das schien für längere Zeit kein Problem zu sein; es blieben immer noch 1.500 Euro für das Leben der vier. Doch dann kam die Krise. Und mit ihr kamen die Gehaltskürzungen.

Im TV-Interview, das wir in der weihnachtlich geschmückten Wohnung aufnehmen, antwortet Bettina ganz spontan deutsch auf meine englisch gestellte Frage. Es ist ein Deutsch mit österreichischem Einschlag. Bettina hat eine österreichische Großmutter; in der Kindheit hat sie die Sprache gelernt, und im Gespräch mit dem Österreicher tauchen längst vergessene Vokabeln auf. Das Familieneinkommen sei Schritt für Schritt um insgesamt 1.000 Euro gesunken, rechnet sie vor. Bleiben 1.500 Euro, die noch von zusätzlichen Steuern wie der neuen Haussteuer sowie von hohen Energiekosten angeknabbert werden. Aber irgendwie wäre das wohl zu schaffen – wenn der Kredit nicht wäre. Der ist nämlich plötzlich – ohne gewachsen zu sein – von einem zahmen Tier im Käfig, das man nur regelmäßig füttern musste, zu einem Monster geworden, das zwei Drittel des Einkommens verschlingt. 500 Euro bleiben jetzt pro Monat. 500 Euro für vier Personen. „Das geht net", sagt Bettina, während ihr die Tränen in die Augen schießen. „Das geht net."

„Du wirst immer so empfindsam, wenn du deutsch sprichst", sagt Grigoris, um ihr aus der Emotion zu helfen. Aber er weiß natürlich auch, dass es nicht das Deutsche ist, das sie den Tränen nahebringt.

Natürlich haben die beiden alles tausendmal durchgerechnet. Die Wohnung verkaufen, in eine kleinere Mietwohnung ziehen? Klingt überzeugend, aber mitten in der Finanzkrise ist für die Wohnung, wenn sie überhaupt jemand haben möchte, nicht der Preis zu erzielen, der notwendig wäre, um den Kredit zurückzuzahlen. Das heißt: Zur Miete kämen nach wie vor Kreditkosten. Auch das ginge sich also nicht aus. Das vorherrschende Gefühl: die Enttäuschung, ungerecht behandelt zu werden. Sie hätten von jungen Jahren an immer gearbeitet und gern gearbeitet. Da sei es, sagt Bettina, einfach „unfair, dass wir nicht mehr bekommen, was uns zusteht".

Grigoris weint nicht. Aber er ist ernst und wütend. Griechenland sei ein reiches Land, sagt er. „Die wollen es in die Knie zwingen, ganz klein und ganz billig wollen sie es haben." Dann sagt er den Satz, der ihm ganz tief aus der Seele kommt: „Dieses Land liebt mich nicht mehr." Darum will er es mit seiner Familie verlassen. Neu anfangen, arbeiten bis zum Umfallen, aber dafür auch gerecht entlohnt werden. Vor allem aber möchten Bettina und Grigoris, dass ihre Töchter mit besseren Lebenschancen aufwachsen. Der Entschluss ist gefasst: Die Familie will in Wien ihr Glück versuchen. Bettina kann Deutsch, sie hat in Wien Verwandte. Werden sie Arbeit finden? Der Optimismus ist groß. Es sei nicht einfach, haben sie gehört, aber wer wirklich wolle und sich ernsthaft bemühe, der könne in „Europa", wie Griechen das nichtgriechische Europa gerne nennen, durchaus Fuß fassen.

Und Griechenland? Das soll, sagt Grigoris, für seine Töchter, für seine Frau und für ihn selbst das werden, was es für die anderen Europäer auch ist: ein Land, in das man kommt, um Urlaub zu machen. Um Sonne, Strand und Meer zu genießen – aber nicht, um dauerhaft hier zu leben.

Denn dann schmerzt es weniger, sich von diesem Land nicht geliebt zu wissen.

Viele, vor allem junge Menschen, sitzen auf den Koffern. Die Geschichte setzt sich fort. Oft schon sind Griechen ausgewandert. Etwa drei Millionen, heißt es, leben außerhalb der Grenzen Griechenlands. 1827 kamen zum Beispiel die ersten hellenischen Auswanderer nach Melbourne, wo heute eine große griechische Kolonie existiert. Jetzt ist sie wieder im Wachsen. Wo immer es Hoffnung auf eine bessere Zukunft gibt, zieht es Griechen hin.

Häuser auf dem Strefi-Hügel. In Athen stehen Tausende Wohnungen leer.

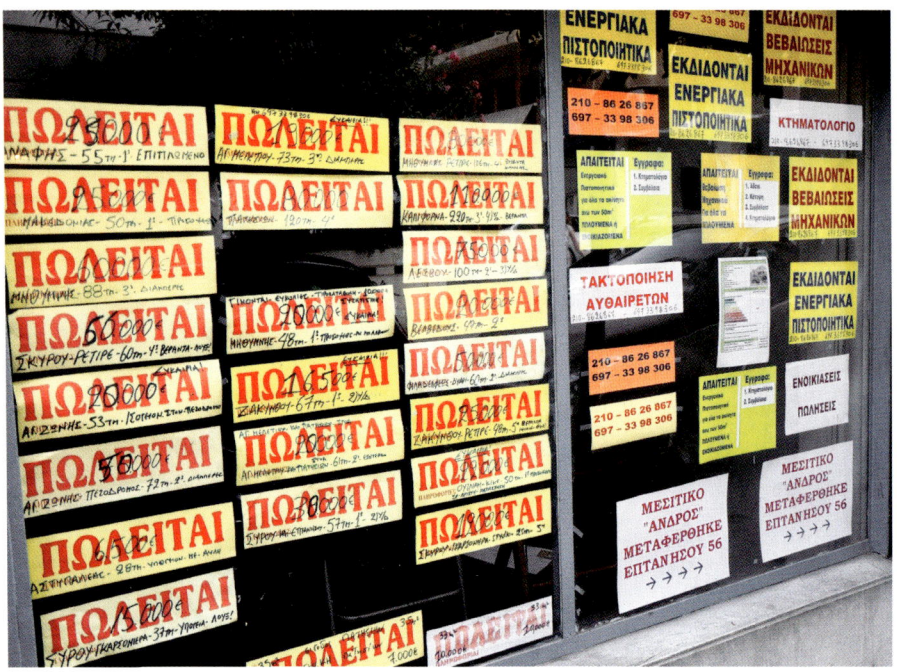

„Poleitai", zu verkaufen: großes Angebot auf dem Wohnungsmarkt.
Verlassenes Geschäftslokal, Exarchia.

Exarchia: Erinnerung an Alexandros Grigoropoulos.
Cafeteria des Hauses „Nosotros".

Exarchia: Polytechnisches Institut, 1973 Zentrum des Widerstands gegen die Militärjunta.

Plakat in der Eingangshalle des ERT-Fernsehgebäudes.

„ERT ist und bleibt offen": Transparent auf dem Fernsehgebäude.

Arbeit im „geschlossenen" Sender.

Folgende Doppelseite: Ein Nachmittag in Thessaloniki.

Holocaust-Mahnmal in Thessaloniki.
Podiumsdiskussion beim „Antifaschistischen Festival".

Brandspuren an der Tür: Solidaritätsgruppe „Mirmingi" in Kipseli, Athen.
Lagerraum für Lebensmittel im Club „Ampariza", Galatsi, Athen.

Kreta: Blick auf Plakias.
Grabstätte des Schriftstellers Nikos Kazantzakis in Heraklion.

Minoischer Palast in Knossos.
Olivenöl-Produktion in Kritsa, Ostkreta.

Ostern auf Evia.
Kretisches Dorf: Rückzug aufs Land?

Petra-Theater, Athen. Mikis Theodorakis im Publikum.
Die Freiluft-Arena in Petroupolis bringt ein Stück über Theodorakis' Leben.

Inselgefühle auf Ikaria.

Der Sturz des Ikaros. Skulptur im Hafen von Agios Kirikos, Ikaria.

15. LEERE WOHNUNGEN, BEWOHNTE STRASSEN. DIE HÄUSER WERDEN ZUM PROBLEM

„Wir sind nicht in der Mitte der Krise", sagt die Dame in ihrem schönen Wohnzimmer. „Wir sind nicht in der Mitte, aber es ist trotzdem hart." Tatsächlich gibt es in der Wohnung, die sie mit ihrem Mann bewohnt, kein Anzeichen von Not und Armut. An den Wänden hängen Kunstwerke. Eine mondnächtliche Küstenidylle, ein fröhlich-trauriges Clowngesicht, ein witziger Bursche in kurzer Hose, der leicht alkoholisiert Richtung Betrachter linst.

Der Wohnung, die sich über drei Stockwerke erstreckt und auf allen Etagen von Balkonen mit großen Blumenarrangements gesäumt ist, sieht man an, wer in ihr wohnt: Der Herr des Hauses ist Architekt, hat in Athen, Florenz und Rom studiert und blickt auf ein erfolgreiches Berufsleben zurück. Zahlreiche Villen und Mehrparteienwohnhäuser, aber auch Bürogebäude in Athen tragen seine Handschrift.

Die Familie konnte zufrieden sein. Man lebte nicht in Saus und Braus, nicht in protzendem Reichtum, aber in gediegenem Wohlstand. Vieles davon kam der einzigen, längst berufstätigen Tochter zugute.

Dann, als die Krise kam, setzten die Aufträge aus. Kaum jemand bringt noch das Geld für Bauprojekte auf. Der Architekt aber schien mit einem blauen Auge davonzukommen. Er sperrte sein Atelier zu und ging – nach vierzig Arbeitsjahren wohlverdient – in Pension. Pläne gab es genug: Das Ehepaar war in jungen Jahren viel gereist, dafür fehlte später die Zeit. Jetzt, in der Pension, wollte man das nachholen. Doch daraus wird vorerst nichts.

Die Zangenbewegung von sinkenden Einkünften und wachsenden Abgaben wird auch in der gehobenen Mittelschicht schmerzvoll fühlbar. Von Monat zu Monat wurde die Pension geringer, sodass jede Finanzplanung bald ad absurdum geführt wurde. Im Gegenzug kamen die Vermögenssteuer, die Solidaritätsabgabe, die Erhöhung der Mehrwertsteuer – und die Immobiliensteuer. Die finanziellen Probleme sind damit erheblich, an Reisen ist nicht zu denken, und der Architekt überlegt, Arbeit zu suchen, um den Druck zu vermindern. Die Lage ist angespannt, die Stimmung getrübt. Was, wenn jetzt auch noch die Tochter den Job verliert und, so wie viele andere, zu den Eltern zieht? Das Haus, die Behausung, hat einen hohen Stellenwert in der griechischen Gesellschaft. Mietverträge sind eher die Ausnahme, die Regel ist die Eigentumswohnung oder das eigene Haus. Dabei, erzählt mir eine seit langem in Griechenland verheiratete Deutsche, war es sehr unüblich, für den Neubau eines Hauses einen Kredit aufzunehmen. Man baute, solange das Geld reichte, und baute weiter, wenn wieder welches zur Verfügung stand. Viele Eltern errichteten die Häuser für ihre Kinder gleich mit. Aber Haus und Wohnung hatten auch noch einen anderen Zukunftsaspekt: Sie galten als wichtige Altersvorsorge. Denn hohe oder gar überhöhte Pensionen waren keineswegs die Regel. Das Pensionsniveau war im Durchschnitt gering.

Nun aber sind Häuser und Wohnungen von der Vorsorge zum Problem geworden. Denn die Steuer klebt an ihnen, unabhängig davon, ob Miete erlöst wird, ob sie bewohnt oder unbewohnt sind, ob jemand für sie Miete zahlt oder nicht. Sogar wenn das Haus noch nicht ausfinanziert ist und ein Kredit läuft, muss Steuer gezahlt werden. Leonidas Tzonis erzählt es mir kopfschüttelnd. Durch die Lohneinbußen können auch Mieter ihre Miete nicht mehr bezahlen. Viele Besitzer müssen schon froh sein, wenn die Vermietung das Geld für die Steuer einbringt. Aber so wie Makis, einem Lehrer für bildnerische Erziehung, geht es vielen. Er ist vierzig, verdient nach all den Kürzungen jetzt 850 Euro netto und überlegt, wieder zu seiner Mutter zu ziehen. Die Wohnung, in der er jetzt lebt, wird dann frei. Ob für sie ein Nachmieter gefunden wird, ist zweifelhaft. Es sind eben nicht nur Geschäftslokale, die in Athen leer stehen, es sind auch die Wohnungen.

Ein Freund erzählt von einer Frau, die sich als Altersvorsorge mehrere Wohnungen anschaffte. Jetzt stehen sie alle leer, und die Steuer multipliziert sich durch die Anzahl der Wohnungen. „Dieser Cashflow ist negativ", sagt der Ex-Banker nüchtern.

Nicht nur der Wohnungsmarkt, das ganze Gefüge von Besitzen, Vorsorgen und Vererben ist grundlegend in Umbau. Ist es grundsätzlich sinnvoll, so viel Geld in Immobilien zu investieren? Das ist eine Frage für Ökonomen. Die vielen Haus- und Wohnungsbesitzer sind jedenfalls von den dramatischen Veränderungen hart getroffen. „Klar, dass der Staat jetzt das Vermögen besteuert", sagt Andreas, der Unternehmer. „Woher sonst soll er das Geld nehmen?"

In Griechenland kursiert ein Bonmot, das die Lage treffend charakterisiert. Wenn es zu einem großen Streit zwischen Vater und Sohn kam, drohte der Vater früher: „Ich werde dich enterben." Heute lautet die Drohung in diesem Fall: „Ich vererbe dir das Haus!"

Derzeit ist das Haus, in dem man wohnt, unter bestimmten Bedingungen vor dem Zugriff der Banken geschützt. Aber schon gibt es Signale, dass die Regierung diesen Schutz aufheben will.

Die Wohnung geht verloren

Schon jetzt verlieren Menschen aufgrund finanzieller Probleme ihre Wohnungen. Die Straße wird zum Nachtlager, Obdachlosigkeit breitet sich aus.

Natürlich kennt man das Phänomen aus vielen anderen Großstädten. Aber in Athen, berichten mir viele Bewohnerinnen und Bewohner der Stadt, habe es bis zur Krise kaum Obdachlose gegeben. Jetzt sind es etwa 20.000 und in ganz Griechenland 50.000 – Tendenz steigend. „Das Problem wird größer werden, enorm und gigantisch", prophezeit Petros, ein wohnungsloser Ikonenmaler, den wir kurz vor Weihnachten in einer Niederlassung der Hilfsorganisation „Klimaka" treffen. Der Name bedeutet „Leiter", denn in einem Stufenprogramm sollen Klientinnen und Klienten angeleitet werden, ihr Selbstvertrauen wiederzufinden und sich die Chancen für ein Leben mit Wohnung und Einkommen zu erhalten. Auch bei ganz konkreten Schritten wie Bewerbungsgesprächen steht Klimaka den Betroffenen hilfreich zur Seite. Der Leiter der Organisation, Kyriakos Katsadoros, ist Psychiater und mit den seelischen Folgen des Wohnungsverlustes wohlvertraut. Insgesamt haben im Griechenland der Krise psychische Belastungssyndrome stark zugenommen, erzählt Katsadoros. Nicht nur die Körper, auch die Seelen brauchen Schutz und Wärme.

Petros ist selbst von der Wohnungslosigkeit betroffen, aber er arbeitet, so gut er kann, auch bei Klimaka mit. Wir treffen ihn in einem kleinen Büro am Schreibtisch. Draußen, im Hof des Gebäudes, gibt es Abendessen. Es herrscht großes Gedränge. Petros und Jiorgos achten darauf, dass die Essensausgabe reibungslos abläuft. Und sie sind da, wenn jemand mit einem Anliegen kommt.

Petros ist ein kräftiger, bärtiger Mann mit gewinnendem Lächeln und festem Händedruck. Obwohl er schon 65 sei, sagt er, habe er nicht aufgehört, an eine gute Zukunft zu glauben. Als großer Optimist vermutet er auch, dass die Obdachlosigkeit in zwei oder drei Jahren wieder zurückgehen könnte. Jiorgos, sein Kollege, wirkt introvertiert, fast ein wenig scheu. Sein Englisch ist makellos wie das von Petros. Drei Jobs habe er gehabt, sagt Jiorgos; zwei davon übe er weiterhin aus. Erstens: Jiorgos ist Musiker und spielt als Gitarrist in einer Band. Das macht er immer noch, aber dafür gibt es vielleicht manchmal ein kleines Trinkgeld, sicher aber keine Gagen, von denen sich leben ließe. Zweitens produziert er Musiksendungen für ein Privatradio. Das darf er auch immer noch tun, aber etwas Entscheidendes hat sich gegenüber früher geändert: Das Radio zahlt keinen Euro mehr. Über Nacht bringt der Job des Radiogestalters also kein Geld mehr ein. Drittens: Jiorgos ist Computerfachmann und IT-Manager. Aber die Firma, bei der er beschäftigt war, ging in Konkurs. Ein anderer Job in dieser Branche war nicht zu finden. Einige Monate lang, erzählt Jiorgos, lebte er bei Freunden, die ihn großzügig aufnahmen. Aber das sei keine Dauerlösung gewesen. „Irgendwann merkte ich, dass ich mich zwischen der Wohnmöglichkeit und der Freundschaft entscheiden musste. Plötzlich waren Spannungen da; es wäre nicht gut gegangen, wenn ich länger geblieben wäre. Ich habe mich für den Erhalt der Freundschaft entschieden." Jiorgos schätzt die neuen Freunde, die er bei Klimaka gefunden hat. Aber eines macht ihm zu schaffen: „Ich vermisse meinen Privatbereich."

Am Ende unseres TV-Interviews wünscht Jiorgos allen ein gutes neues Jahr. Er wirkt überzeugend, aber in jeder Sekunde ist fühlbar, dass er eigentlich gern woanders wäre.

16. APATHIE STATT AKTION? SPAZIERGANG DURCH EIN ANARCHISCHES VIERTEL

Als wir vom Lykavittos Richtung Stadtzentrum unterwegs sind, sagt Tasos, unser Kameraassistent: „Dort drüben beginnt Exarchia. Dort kann man nicht drehen." Exarchia? Ich habe von dem Viertel gehört, in dem viele Anarchisten, autonome und linke Gruppierungen zu Hause sind. Aber warum können wir dort nicht drehen? „Die Anarchisten mögen keine Medien", sagt Tasos. Da wären Unannehmlichkeiten zu fürchten, und für die Unversehrtheit der Kamera könnte auch niemand garantieren. Aber warum? Was hat man in Exarchia gegen Medien? „Medien stehen auf Seiten des Staates, auf Seiten des Systems", sagt Tasos.

Ganz unrichtig ist das ja nicht, denke ich. Mein Interesse an diesem Reservat für kritische Ideologien wächst.

Während meiner folgenden Besuche in Athen spaziere ich mehrfach durch Exarchia und bewundere die ungeheure Dichte an Graffiti, die dem Stadtteil ein unverwechselbares Aussehen geben. Dann gelingt es, einen kundigen Führer und Übersetzer zu finden. Stratis, ein junger Geologe, wohnt zwar nicht mehr in Exarchia, ist aber dort aufgewachsen. Er weiß, wohin man gehen muss, um etwas mehr als einen oberflächlichen Eindruck zu gewinnen.

Mir fällt an diesem Samstagnachmittag die Entspanntheit auf, mit der vorwiegend junge Leute auf den Straßenplätzen der Kaffeehäuser sitzen. Viele Studentinnen und Studenten leben hier; sie sorgen für das jugendliche und alternative Ambiente, das man aus vielen europäischen Universitätsstädten kennt. Man findet alte Buch- und Plattenläden und – dem politischen Bewusstsein der Kundschaft entsprechend – Geschäfte für fair gehandelte Waren und Lebensmittel aus biologischer Produktion. Natürlich hat die Krise auch in Exarchia zugeschlagen: verwaiste Geschäftslokale, eines neben dem anderen, stehen da als stumme Anklage.

Im November 1973 besetzten Studierende das polytechnische Institut in Exarchia und schrieben in großen Lettern über den Eingang: Ochi. Nein zur Junta. Mit einem geheimen Radiosender machten sie Stimmung gegen das Regime. Die Diktatur ging mit aller Härte gegen die jungen Leute vor und beendete die Besetzung mit Gewalt. Es gab Todesopfer, wie viele, darüber gehen die Angaben auseinander. Obwohl die studentischen Proteste nicht direkt zum gewünschten Ziel führten, waren sie ein Schritt auf dem Weg zum Sturz der Junta. Eine Untergrundorganisation, die bis 2003 Anschläge verübte, nannte sich „Revolutionäre Organisation 17. November". Das ist der Tag, an dem das Militär gewaltsam gegen die Studenten im Polytechnikum vorging.

Stratis führt mich zu einer anderen Stelle, die an Gewalt erinnert. Am Kreuzungspunkt zweier Gassen wurde 2008 der erst 15-jährige Schüler Alexandros Grigoropoulos von Polizisten erschossen. Man hat ihm ein weithin sichtbares Denkmal gesetzt. Das Gesicht des jungen Burschen, das nicht altern wird, macht nachdenklich. Vor einigen Wochen habe man Mitglieder einer Art Terrorzelle in Albanien bei einem Einbruch festgenommen, erzählt Stratis. Dabei habe sich herausgestellt, dass zwei von ihnen Alexandros' engste Freunde waren. Ich kann die Geschichte hinterher nicht verifizieren, aber dass Gewalt Gewalt gebiert, ließ sich 2008 mit freiem Auge feststellen. Überall in Griechenland gingen Jugendliche auf die Straße. Autos gingen in Flammen auf. Straßenschlachten mit der Polizei waren an der Tagesordnung. Schon damals, sagen manche, hat die Krise begonnen. Andere meinen: Nein, das sei nicht mehr als eine zufällige zeitliche Nähe von Ereignissen.

Vor einem der Cafés kommen wir mit Mehmed ins Gespräch, einem Kurden aus der Türkei, der vor acht Jahren aus Anatolien hierhergezogen ist. Er sei froh, dass es Exarchia gibt, sagt er uns. Es sei ein gutes Terrain für Anarchisten und Linke – und ein Stadtviertel, in dem Migranten willkommen seien. Andererseits, klagt er, laufen die Dinge nicht, wie sie sollten. Zu viele unterschiedliche Gruppen mit zu vielen einander widersprechenden Überzeugungen lebten hier; sie fänden kaum einen Weg, miteinander zu kooperieren. Manche Anarchisten hätten auch längst die Rolle von Autoritäten übernommen. „Sie trinken Kaffee und bezahlen dann nicht, weil sie meinen: Wir sind hier die Bosse." Eine regelrechte neue Hierarchie habe sich gebildet, klagt Mehmed.

Und davon abgesehen: Es sei derzeit auch in Exarchia schwierig, Menschen zu mobilisieren. „Sie haben Angst, das zu verlieren, was ihnen noch geblieben ist", vermutet er.

Stratis bringt mich zu einem der kulturellen Zentren von Exarchia. Es heißt „Nosotros" und ist ein mehrstöckiges Haus mit einer Bar, Kurs- und Veranstaltungsräumen, einer Bibliothek und sogar einer kleinen Bühne. Anarchisten haben das Gebäude besetzt, erzählt Stratis, und zu einem wichtigen Treffpunkt umfunktioniert. In einer Cafeteria im ersten Stock gibt es Getränke und ein billiges, aber wohlschmeckendes Mittagessen. Hinter der Theke steht Paul, ein großgewachsener junger Mann. Er bestätigt, was wir von Mehmed gehört haben. Exarchia sei immer bekannt gewesen für die große Vielfalt an Gruppierungen und Meinungen: Anarchisten, Autonome, Anarcho-Autonome, Linke. „Viele haben auch gar keinen besonderen politischen Hintergrund", meint Paul. Sie seien einfach zornige junge Leute. „Aber jetzt zeigt sich, dass diese Vielfalt an Fraktionen nicht hilfreich ist, wenn es darum geht, sich zu vereinigen und sich auch um ein besseres Image in der Gesellschaft zu bemühen. – Ja, das ist in gewisser Weise enttäuschend."

Ein Teller Essen pro Tag

Die Gruppe, die „Nosotros" als Zentrum hat, nennt sich „antiautoritäre Bewegung" und vertritt, wie Paul es bezeichnet, einen „sozialen Anarchismus" – mit den ganz traditionellen Werten dieser Denkbewegung. Es geht um eine Gesellschaft ohne Hierarchien, in der sich die Menschen selbst organisieren und auch die Produktion von Gütern selbst in der Hand haben. Bewundernd erzählt mir Paul von der Firma VIO.ME in Thessaloniki, die Baustoffe herstellte – bis die Firmenleitung erst die Bezahlung der Mitarbeiter einstellte und sich dann aus dem Staub machte. Die Frauen und Männer der Fabrik kämpfen seither nicht nur um das ihnen zustehende Geld; sie haben die Produktion in eigene Hände genommen. VIO.ME ist eine selbstverwaltete Firma – mit hoher Reputation in sozial engagierten Gruppen.

Von den anarchistischen oder autonomen Gruppierungen, die sich gewaltbereit geben und bei Demonstrationen Angst und Schrecken verbreiteten, hält Paul wenig. „Wenn Anarchisten nah an der Illegalität leben, ist es für die Gesellschaft schwer, sich ihnen anzuschließen." Aber in „Nosotros" möchte man sich nicht absondern. Das Haus ist offen; alle, die möchten, können die Versammlungen und Veranstaltungen besuchen. Auch mit den Medien steht die „antiautoritäre Bewegung" längst nicht so auf Kriegsfuß wie andere – Paul nennt sie „engstirnige" – Gruppierungen. Vor einiger Zeit hatte man Naomi Klein zu einem Festival eingeladen – und sogar eine Pressekonferenz organisiert. „Wenn dir jemand die Möglichkeit gibt, dir Gehör zu verschaffen, dann schlag sie nicht aus", wirft ein Kollege Pauls ein, der mitgehört hat.

Auf dem Balkon sind zwei Burschen in eine heftige Diskussion verstrickt. Eine junge Frau hat sich ein Mittagessen geholt und sitzt jetzt über einem Buch. Die Atmosphäre ist freundlich; ich könnte mir vorstellen, in „Nosotros" auch aus und ein zu gehen. Man kann hier Gratiskurse besuchen, ein Instrument lernen zum Beispiel. Für die vielen Immigranten, die im Viertel leben, werden Griechisch-Sprachkurse angeboten – die Aufgeschlossenheit gegenüber Migranten und Asylwerbern hat Tradition in Exarchia.

Wir kommen auf die Krise zu sprechen. Die sei gemacht, analysiert Paul. Es gehe um eine „Restrukturierung des Kapitalismus", um Maßnahmen, die den Reichtum der Reichen absichern oder noch wachsen lassen. „Sie haben verstanden", sagt er, „dass sich noch mehr verdienen lässt, wenn man den Sozialstaat abbaut: freie Bildung, ein freies Gesundheitssystem, all das muss weg. Und natürlich müssen auch die Rechte der Arbeiter, die diese in Jahrzehnten erkämpft haben, beseitigt werden."

Paul ist daran gewöhnt, über politische Dinge zu sprechen. Sicher ist er ein geübter Diskutant. Ob die Krise auch seine Gruppe in Mitleidenschaft gezogen hat, will ich wissen. Paul schaut mich an. Klar, und ob.

„Derzeit ist ein Großteil der Leute, die ich kenne, arbeitslos. Und die, die Arbeit haben, stecken in schwierigen Situationen. Denn noch nie waren sie vom Gesetz so wenig geschützt wie jetzt."

Was macht die Arbeitslosigkeit mit den jungen Menschen? Paul wird nachdenklich. „Einige Optimisten meinten, wenn du hungrig bist, bist du zur Revolte bereit. Aber das ist nicht der Fall. Viele junge Leute meiden alles und jedes, wenn sie keinen Job haben; sie wollen sich nicht politisch engagieren. Die Krise bringt dann eher Apathie, nicht Revolution."

Apathie statt Revolution. Manche Sätze passen wie der Schlüssel in ein Schloss.

Und er selbst? „Ja", sagt Paul, „ich auch. Ich bin vor kurzem auch arbeitslos geworden." Ich breche das betretene Schweigen, indem ich bedauernd seufze: „Oh shit." Als wollte paradoxerweise er mich trösten, sagt Paul: „Ich werde es schon irgendwie schaffen."

Er wohnt in einer großen Wohnung „mit sehr vielen Mitbewohnern", um Geld zu sparen. Außerdem hat die Gruppe ein Modell entwickelt, das in einer Zeit maximaler Schwierigkeiten helfen soll durchzukommen. Die zehn, denen es am schlechtesten geht, bekommen von der Gemeinschaft einen kleinen Job – zum Beispiel in der Küche –, der mit einigen Euro symbolisch bezahlt wird. Sie haben dann auch Anrecht auf einen Teller Essen pro Tag. Nach einem Monat wird gewechselt.

Die „antiautoritäre Bewegung" überlegt, dieses Angebot auszuweiten. Die Nachfrage ist groß.

Wir ziehen weiter durch Exarchia. Stratis zeigt mir den berühmten und hübsch gestalteten Park, den sich Bewohnerinnen und Bewohner selbst erobert haben, indem sie einen Parkplatz aufgruben. In einem Kaffeehaus schreibt eine junge Frau eine Nachricht auf die Tafel. Sie ruft zu einer Demonstration vor dem Gefängnis auf. Einer der ihren wurde verhaftet. Wir folgen einer steil ansteigenden Straße. Vor einem kleinen Gassenlokal sitzen Leute auf dem Gehsteig, obwohl es tröpfelt. Es ist eine Diskussionsveranstaltung über Ursachen der Krise und Wege zu ihrer Überwindung. Der Saal ist zu klein für die vielen Teilnehmerinnen und Teilnehmer, viele von ihnen in vorgerücktem Alter.

Die anarchistische, autonome und linke Enklave mag ihre beste Zeit hinter sich haben. Ich gäbe dennoch viel darum, mithören und verstehen zu können, was hinter den Graffiti-bemalten Häusern Exarchias diskutiert und geschrieben, beschlossen und veranstaltet wird. Auch in Zeiten der Krise entstehen Zeitschriften, treffen sich viele Gruppen auf der Suche nach Alternativen zu den herrschenden Lehren, auf der Suche nach neuen Wegen des Zusammenlebens. Stratis genießt es, durch seinen Heimatbezirk zu gehen und ihn mit Hausherrenstolz zu präsentieren.

Wenn Wolken aufziehen, wird Athen schnell grau. Wir lassen Exarchia hinter uns und steigen auf den Strefi-Hügel. Es nieselt. Aus der Ferne winkt uns ein langhaariger Mann, der sich in einem Zelt aus Lumpen einquartiert hat. Wir begrüßen ihn. Ein süßlicher Duft verrät, welcher Stoff ihm das Überleben in dieser unwirtlichen Gegend erleichtert. Er ist ein Flüchtling aus Syrien und erinnert uns daran, dass die Krise in Griechenland nicht die einzige ist – und wohl auch nicht die schlimmste.

Etwas unterhalb bereitet eine Gruppe von Menschen, nur leicht irritiert durch das schlechte Wetter, ein Fest vor. Einige Fleischspieße vom Grill sind schon fertig, sie schmecken hervorragend. Der Wein stammt aus Georgien, und von dort kommt auch die ganze Runde. „Wir haben unsere Krise schon hinter uns", sagt Akaki, der uns sofort zu Freunden erklärt. Vor Krieg und Armut flüchtete Akaki mit seiner Familie vor sechs Jahren nach St. Petersburg und emigrierte von dort weiter nach Athen. Was er mit seiner Krisenerfahrung den Griechen empfehlen würde? „Man muss sehr viel arbeiten", sagt er. „Ich glaube, die griechischen Freunde arbeiten noch nicht hart genug." Akaki selbst hat sehr wohl hart gearbeitet und als Automechaniker gut verdient. Für die ganz großen Fahrzeuge war er zuständig. Nur: Jetzt nützt das auch nichts. Jetzt ist auch er arbeitslos geworden. Es gibt noch einen Kampf mit der Bürokratie, aber die Sache ist entschieden: Die Familie wird wieder zurückgehen, nach Georgien. Ich erzähle, dass ich schon dort war, vor langer Zeit. „Ist es nicht ein wunderschönes Land", fragt er mit einem Leuchten in den Augen, „vor allem im Winter? Muss man das alte Georgien nicht einfach lieb haben?" Es ist Glück im Unglück, wenn man nicht nur von der Krise vertrieben, sondern auch vom Heimweh gezogen wird. – Nun regnet es wirklich. Stratis und ich gehen hinunter nach Exarchia, zu einem vorzüglichen Abendessen.

Als ich später in Exarchia als Hotelgast wohne, bin ich überrascht und begeistert, so viele junge Menschen zu sehen, die sich noch weit nach Mitternacht am Exarchia-Platz treffen. Aber mir fehlen Sprache und Jugend, um einer von ihnen zu werden. Eine kleine Annäherung ist geglückt. Aber Exarchia bleibt für mich, was es war: ein Rätsel.

17. VON MESSERN UND MELONEN. ARBEITNEHMER VERLIEREN IHRE RECHTE

Noch einmal Theodorakis, noch einmal „To Axion Esti". An einem späten Abend im Juni wird das Werk aufgeführt, mit allem Drum und Dran: mit Sängern, Chor und Orchester. Die Wucht dieser Musik gegen Kleinmut und Ergebung entfaltet wieder ihre Wirkung. Aber diesmal bin ich nicht im Publikum, sondern in Wien am Bildschirm. Der Ort der Aufführung ist ungewöhnlich: das Fernsehgebäude des staatlichen Rundfunks ERT. Allerdings nicht in einem Saal oder Studio, sondern vor dem Haus. Übertragen wird auch nicht über einen Fernsehkanal, sondern über das Internet; Kollegen in Athen haben mir die Webadresse mitgeteilt.

Das Konzert ist Teil einer Demonstration, im Publikum sind viele Fernsehmitarbeiterinnen und -mitarbeiter, die vor wenigen Tagen aus heiterem Himmel ihre Arbeit verloren haben. Die Regierung – zumindest der konservative Teil der Koalition – verfügte die sofortige Schließung des Senders. Nicht zuletzt der sehr engagierten European Broadcasting Union (EBU) ist es zu danken, dass ERT wenigstens über Internet mit einem Notbetrieb auf Sendung blieb. Die Begründung der Regierung für diesen ungewöhnlichen Schritt: Korruption und Vetternwirtschaft. ERT sei eine „heilige Kuh" gewesen. Tatsächlich war das Staatsfernsehen, wie mir viele Gesprächspartner versichern, eine gute Möglichkeit, Günstlinge unterzubringen. Viele sahen es als Inbegriff dessen, was sie an ihrem Staat und seinen Funktionären hassten. Neun von zehn seiner Fahrgäste stünden in dieser Frage auf der Seite der Regierung, erzählt ein Taxifahrer in Thessaloniki. Leonidas Tzonis weiß zu berichten, dass sich der zuständige Gewerkschaftschef und Verhandlungspartner der Regierung demnächst wegen Betrugsvorwürfen vor Gericht verantworten müsse. Zudem hätten bisher mehrere Regierungen insgesamt dreizehnmal versucht, ERT zu reformieren – ergebnislos. Zahlreiche ERT-Journalisten hätten laut Tzonis doppelt verdient, weil sie auch auf Gehaltslisten von Ministerien oder der Athener Nachrichtenagentur gestanden seien.

Auch Gerasimos Kouzelis beklagt die hohe Korruptionsanfälligkeit von Gewerkschaftsfunktionären. Er weiß von Gewerkschaftern, die hohe Sitzungsgelder kassierten, ohne auch nur an einer einzigen Sitzung teilgenommen zu haben. Für ihn ist das allerdings nur die eine Seite. Die andere Seite ist, dass ERT gutes Fernsehen produzierte. Die Kulturdokumentationen auf ERT 2 zum Beispiel, erzählt Kouzelis, seien von hoher Qualität gewesen. In seinem Institut wurde vor kurzem – man höre und staune – die erste Aristoteles-Gesamtausgabe in neugriechischer Sprache herausgebracht. Keinem anderen Sender als ERT wäre das einen Bericht wert gewesen, sagt Kouzelis. Der Verlust sei daher äußerst schmerzlich.

Aus Gründen der Sparpolitik hätte ERT übrigens nicht geschlossen werden müssen. Der Sender erwirtschaftete Überschüsse. Für Beobachter ist klar, dass es bei der Aktion um eine Demonstration von Stärke ging. „Wenn wir es für richtig halten, machen wir kurzen Prozess": Das ist die Botschaft, die aus der Vorgehensweise des Premierministers spricht. Dass er weder das Parlament noch die Koalitionspartner von seinem Vorhaben informiert hatte, war ein kalkuliertes Risiko. Wohl verließ die kleinste Partei des Dreierbündnisses die Regierung, aber die Umfragewerte der sozialdemokratischen Pasok waren derart im Keller, dass sich die Partei keine Neuwahlen wünschen konnte. Die Regierung hielt – zumindest vorläufig. „Er hat sich durchgesetzt", freut sich Leonidas Tzonis, dessen Frau bei der großen Regierungspartei aktiv ist. Allerdings löste die „Demonstration der Stärke" bei anderen Griechinnen und Griechen Unbehagen oder sogar Entsetzen aus – und verstärkte die Zweifel, ob noch demokratische Spielregeln in Geltung sind. Viele reagierten mit einer bitteren Beobachtung. „Zur Zeit der Diktatur wäre so etwas nicht vorgekommen", sagten mir mehrere griechische Freunde am Telefon.

Zwei Kündigungen in wenigen Wochen

Das Problem mit Machtdemonstrationen dieser Art ist: Sie haben für manche Menschen böse Folgen. Am 11. Juni 2013 hatte Miranda, eine ERT-Nachrichtenredakteurin, von 12 bis 18 Uhr Dienst. Schon am Vortag hatte es Gerüchte gegeben, als aber dann für 17 Uhr eine Erklärung des Regierungssprechers angekündigt wurde, die mit einer öffentlichen Einrichtung zu tun haben sollte, war vielen klar, worum es sich handeln würde. Miranda durfte die Nachricht von der Schließung ihres Unternehmens noch im Radio verkünden, dann war sie arbeitslos. Es traf sie aus heiterem Himmel. Sie hatte zuvor bei privaten Rundfunkanstalten gearbeitet und Jobs gewechselt. Beim Staatsbetrieb aber hatte sie sich sicher gefühlt. Nie wäre ihr eine Kündigung in den Sinn gekommen. Sie war als Redakteurin sehr versiert; ihre Stimme war gefragt – beim Publikum und bei den Vorgesetzten.

Jetzt geht es ihr schlecht. „Die Nerven liegen blank", sagt Pavlos, Mirandas Mann. Als wir uns im Kaffeehaus zusammensetzen, ist seine Tochter Philippa dabei, eine Schülerin mit großer Leidenschaft für Schach und Schwimmen. Die Nerven liegen vor allem deswegen blank, weil nur wenige Wochen nach seiner Frau auch Pavlos arbeitslos wurde. Er war Nachrichtenredakteur bei SKAI-Radio gewesen. Als man dort den Großteil seiner Kollegen vor die Wahl stellte, entweder wieder eine Gehaltskürzung hinzunehmen oder das Unternehmen zu verlassen, er selbst aber übergangen wurde, war ihm klar, dass seine Kündigung nur eine Frage der Zeit sein würde. SKAI gibt sich nach außen hin sozial und unterstützt – davon war schon die Rede – Sammelaktionen der Kirche für die Opfer der Krise. Nach innen wirkt das Unternehmen weniger menschenfreundlich. Unter den 17 Mitarbeiterinnen und Mitarbeitern, die mit Pavlos per 31. Juli gekündigt wurden, waren, wie er erzählt, drei alleinerziehende Mütter. 1.500, 1.600 Euro hat er zuletzt verdient, und er weiß genau: Das war der einzige Grund für die Kündigung. Er ist hervorragend ausgebildet, hat in Berlin Publizistik und Germanistik studiert – ein Vollblutjournalist. Aber das zählt nicht mehr. Fassungslos musste er beobachten, wie er durch schlecht ausgebildete Billigkräfte ersetzt wurde. Manche seiner Kollegen bekommen zwischen 320 und 450 Euro monatlich, sagt er; davon kann nur leben, wer bei den Eltern wohnt und keine Familie hat. Aus Pavlos' Sicht sind sie kaum in der Lage, Meldungen in Radiosprache zu verfassen. Aber wenn nur mehr das Geld zählt und nicht mehr die Qualität der Arbeit – wie soll er dann konkurrenzfähig sein?

Pavlos und Miranda haben zwei Kinder, neben der Schülerin Philippa auch einen eineinhalbjährigen Sohn, Panagiotis. Ein Kredit für die Wohnung ist noch nicht abgezahlt. Pavlos ist 51. Er hat eine Abfertigung erhalten und bekommt jetzt Arbeitslosengeld für ein Jahr – etwa 500 Euro. Und dann? Wird er Arbeit finden? Die Aussichten sind nicht besonders, meint er. Allein in Athen seien derzeit 4.000 Journalisten arbeitslos. Die Regierung hat Arbeitsplätze für einen interimistischen öffentlichen Rundfunk ausgeschrieben. „Nächtelang" haben Pavlos und Miranda überlegt, ob sich Miranda bewerben sollte. Anwälte rieten ab. Sie halten die Kündigungen der ERT-Mitarbeiter für nicht rechtskonform. Außerdem arbeiten immer noch Kolleginnen und Kollegen im Sender weiter. Unbezahlt halten sie einen Notbetrieb aufrecht und produzieren Nachrichten, die über Internet und in lokal sehr begrenzten Bereichen auch über Antenne ausgestrahlt werden. Sie nehmen die Schließung des Senders, die ohne Parlamentsbeschluss erfolgt ist, schlicht nicht zur Kenntnis.

Mit einer Neubewerbung würde man also die eigene Kündigung anerkennen und in gewisser Weise auch den Kolleginnen und Kollegen, die noch nicht aufgegeben haben, in den Rücken fallen. Andererseits: Die Familie braucht ein Einkommen, und zwar jetzt und nicht erst in Jahren, wenn der Rechtsstreit um die Kündigungen – womöglich beim Europäischen Gerichtshof – entschieden ist. „Meine Kinder brauchen nicht nur etwas zum Essen", sagt Pavlos, „sie brauchen auch manchmal ein Stück Schokolade."

Miranda hat sich entschlossen, ihre Bewerbung abzugeben. Und wurde – zumindest vorerst, im ersten Durchgang – nicht genommen. Weitere Anstellungen soll es erst geben, wenn die widerständigen ERT-Mitarbeiterinnen und Mitarbeiter das Fernsehgebäude verlassen haben. Gekonnt werden damit die Kolleginnen und Kollegen gegeneinander ausgespielt. Der Druck auf die Familie ist mittlerweile enorm. Miranda hat Panikattacken entwickelt. Sie kann nicht mehr in die U-Bahn einsteigen und nicht mehr mit dem Lift fahren – aus Angst zu ersticken.

Pavlos versucht weiterhin ruhig und besonnen zu agieren. Er verhandelt mit der Bank um eine Reduktion der ausstehenden Kreditsumme, versucht seine Kinder von den Problemen ihrer Eltern fernzuhalten. Es tut ihm weh, wenn Philippa immer häufiger fragt, ob ihre Eltern genug Geld haben, um zum Beispiel einen Bleistift zu kaufen. Sein früherer Arbeitgeber sammelt unverdrossen Spielzeug und Schulsachen für bedürftige Kinder. Ein Kollege, der ebenfalls gefeuert wurde, bemerkte lakonisch: „Jetzt sammeln sie auch für unsere Kinder."

Arbeitnehmer sind keine Gebrauchsgegenstände

Ich frage Pavlos, wie frei er seinen Beruf als Journalist ausüben konnte. „Wenn es um Ökologie ging, konnte ich alles schreiben, was ich wollte", sagt er. Aber in politischen Dingen war das anders. SKAI – das Unternehmen mit TV, Radios und Zeitung gehört einem reichen Reeder – fährt eine klare Pro-Memorandum-Linie. Heikle Entscheidungen der Regierung – wie die Schließung von Krankenhäusern – durften nur kurz erwähnt werden, und nicht an erster Stelle – auch wenn sie die Nachricht des Tages waren. „Da musste eine positive Auslandsmeldung vorangestellt werden", erzählt Pavlos.

Nicht nur die Gekündigten leiden. Pavlos' Kollegen, die noch Arbeit haben, erzählen von immer mehr Druck und unmenschlichen Bedingungen. Immer weniger Arbeitnehmer leisten immer mehr Arbeit um immer weniger Geld. Das bedeutet Mehrfachbelastung, ungezählte und unbezahlte Überstunden, Dauerstress. Dazu kommt das ständige Angstgefühl: Wann bin ich dran, wann werde ich gekündigt? Es gibt keine Sicherheit mehr, was dauerhaft schien, zerbröckelt. Das Leben ist kaum noch planbar. Mehrere Lohnkürzungen im Ausmaß von insgesamt etwa 35 Prozent hat die Belegschaft von SKAI hingenommen, weil sie um die wirtschaftlich schwierige Lage des Unternehmens wusste. Nach den Kündigungen Ende Juli traten die Mitarbeiterinnen und Mitarbeiter in den Ausstand. „Wir arbeiten wie Sklaven", hieß es in einem an die Geschäftsführung verfassten Brief. Nach Tagen fand sich ein Management-Vertreter zum Gespräch bereit. Er versprach, dass keine weiteren Gehaltskürzungen oder Kündigungen vorgesehen seien. Nachsatz: „bis Dezember". Das Unternehmen begründet seine Sparmaßnahmen mit einbrechenden Werbe-Erlösen und sinkenden Umsätzen. „Sie haben die Melone, und sie haben das Messer" sagt man in Griechenland, wenn man selbst nichts in der Hand hat.

Nicht nur in der Medienbranche, auch in vielen anderen Sparten des Wirtschaftslebens müssen Arbeitnehmerinnen und -nehmer derzeit erkennen, dass sie weder über Melonen noch über Messer verfügen. Die hohen Arbeitslosenzahlen machen gefügig. Wer Lohnsenkungen nicht zustimmt, wird schnell ersetzt. Mehr als eine halbe Million Menschen warten auf ausständige Gehaltszahlungen. Auch hier liegen bisweilen die Nerven blank. Zum Glück eskaliert die Sache nicht immer wie in einem Fall, der Schlagzeilen machte: Auf die ohnehin schlecht bezahlten Mitarbeiter eines Erdbeerbetriebes auf der Peloponnes wurde geschossen, als sie sich versammelten, um ihrer Forderung nach der Auszahlung mehrerer ausständiger Monatsgehälter Nachdruck zu verleihen – und sich weigerten, unverrichteter Dinge wieder an die Arbeit zu gehen.

Immerhin haben sich Arbeitnehmer- und Arbeitgeberverbände im Februar auf einen nationalen Generalkollektiv-Vertrag geeinigt. Er soll unter anderem dazu beitragen, weitere Gehaltseinbußen in der Privatwirtschaft zu verhindern. Gemeinsam will man Maßnahmen erarbeiten, die helfen könnten, die Wettbewerbsfähigkeit zu erhöhen, ohne die Löhne zu senken. Der gewichtige Unternehmerverband SEV verweigerte allerdings seine Unterschrift. Laut dieser Vereinbarung wird in Zukunft der Mindestlohn von der Regierung allein festgesetzt. Sie hat ihn von 751,30 auf 586 Euro brutto gesenkt.

Die Sorge um Gegenwart und Zukunft der Arbeitnehmerrechte in Griechenland ist groß. Bei unserem Gespräch auf der Terrasse seiner Wohnung geht Yanis Varoufakis auch auf dieses Thema ein. Die Krise sei für Arbeitgeber eine „von Gott gesandte Chance, die Ansprüche der Arbeitnehmer zurückzuschrauben". Urlaub, Pensionen, Gesundheitsversorgung: Die Grundrechte seien in über 150 Jahren errungen worden und werden von der Krise mehr und mehr in Frage gestellt. Der Ökonom warnt eindringlich vor dieser Tendenz. Varoufakis deutet auf eine Stehleiter, die hinter mir geduldig an der Wand hängt. „Ich verstehe die Unternehmer", sagt er. „Sie wollen weniger zahlen. Sie wollen ihre Arbeitnehmer wie diese Leiter verwenden: Du nimmst sie, wann immer du willst, musst dir aber keine Gedanken über ihren Urlaub machen." Werden die Rechte einmal in Frage gestellt und ausgehöhlt, beginnt ein fataler Kreislauf: „Wenn ich ein guter Mensch sein will und meine Arbeitnehmer besser behandle, verliere ich mein Geschäft. Denn die anderen werden ihre Mitarbeiter wie Leitern behandeln, ihre Kosten werden geringer sein als meine. Sie werden mich unterbieten. Am Ende dieser Entwicklung steht ein Kollaps Europas. Denn Europa basiert auf einem Sozialvertrag, den wir gerade dabei sind zu zerstören – als Ergebnis unserer Verweigerung anzuerkennen, dass die Architektur des Euro fehlerhaft ist."

Vor solchen Entwicklungen schützen nur Gesetze und ihre Einhaltung. Wer aber soll sich um Arbeitnehmerrechte kümmern, wenn schon die Regierung sie missachtet, um ihre Kraft zu demonstrieren? Ich bin zu Besuch im Fernsehgebäude des staatlichen Rundfunks ERT. Zahlreiche Transparente außen und innen künden davon, dass der Streit um den öffentlichen Rundfunk noch nicht zu Ende ist. Großdemonstrationen vor dem Gebäude waren die Antwort auf die Entscheidung der Regierung gewesen. Ich treffe Kalli, eine ehemalige Pressebeauftragte, die jetzt Nachrichten produziert, Leonidas, einen Sportjournalisten, und Marina, eine innenpolitische Redakteurin. So also sehen überprivilegierte und überbezahlte Politjournalisten aus? Die drei bestätigen, dass es einige Privilegierte mit sehr hohen Jahresgagen und Sonderverträgen gegeben habe. Aber das sei keineswegs die Regel gewesen. Die höchsten Gehälter seien bei 3.500 Euro gelegen – unerreichbar für die einfachen Angestellten und Journalisten. Ab 2009 wurde das 13. und 14. Jahresgehalt gestrichen, dann wurden die Gehälter um 30 Prozent gesenkt. 1.200, 1.300 Euro netto pro Monat war zuletzt das Normalgehalt. „Waren wir damit überbezahlt?", fragt mich Leonidas.

Jetzt kommen Kalli, Leonidas und Marina mit vielen Kolleginnen und Kollegen täglich zur Arbeit, um den Notbetrieb des Senders aufrechtzuerhalten, und bekommen dafür überhaupt kein Geld.

Sie sind von dem überzeugt, was ihnen die Anwälte sagen: dass ihre Kündigungen widerrechtlich waren. Also machen sie weiter. Mittlerweile hat ein neuer staatlicher Sender sein stark reduziertes Interimsprogramm aufgenommen. Die drei weigern sich, sich für das neue TV zu bewerben – es wäre ohnehin nur für zwei schlecht bezahlte Monate. „Nach 18 Jahren Arbeit in diesem Unternehmen", sagt Kalli, „geht es nicht nur um meine Zukunft und meinen Job, sondern auch um meine Würde." Die anderen pflichten bei. Sie sehen nicht recht, wie die Regierung bald einen funktionstüchtigen Rundfunk zustande bringen will. Zusperren sei eben einfacher als gründen und aufbauen. Derzeit versuche die Politik, Opinionleader unter den Widerständigen mit besseren Angeboten zum Wechseln zu bewegen.

Eine Hoffnung der Regierung haben die Unermüdlichen im ERT-Gebäude jedenfalls zunichtegemacht: Im heißen August ist Athen nahezu entvölkert, da wäre es einfach gewesen, das Rundfunkgebäude ohne Aufsehen sang- und klanglos zu übernehmen. Aber die unbezahlten Journalistinnen und Journalisten blieben auch im Sommer aktiv. „Was mache ich auf Kreta, wenn mein Herz hier schlägt?", fragt Kalli. Die Regierung habe bei ihrer überfallsartigen Unternehmensschließung eines vergessen: dass viele Griechinnen und Griechen schon durch Kindheitserinnerungen mit ERT verbunden sind. Vielen fehlt der Sender auch emotional, Kalli und die anderen sehen es an der moralischen Unterstützung, die sie von vielen Seiten erhalten. Und natürlich freuen sie sich über internationale Stimmen der Solidarität, die nicht verstummt sind. Dann müssen sie sich schnell verabschieden; in zwei Stunden läuft die nächste Ausgabe der provisorischen Nachrichten. Das bedeutet Arbeit auf Hochdruck, wie immer. Sie ziehen sich zu ihrem Team zurück. Auch sie haben weder Melone noch Messer in der Hand. Aber ihre Einsatzfreude, ihre Beharrlichkeit und ihre Zivilcourage sind ungebrochen.

Unten im Foyer hängt ein Plakat als Blickfang für Eintretende. Es zeigt Farbbalken wie nach einer Sendestörung. Der Text lautet: „Demokratie? Kein Signal".

18. ALLES PRIVAT ODER: SOLL GRIECHENLAND THAILAND WERDEN?

Ein Wochenende im Juli 2013. Ich bin nach Thessaloniki gekommen, um mit einem Mann zu sprechen, der sich nicht nur am Küchentisch gegen die derzeit herrschende Politik ausspricht, sondern in einer Gruppe Gleichgesinnter aktiv geworden ist – und das mit einer spannenden Idee. Ihn ärgern vor allem die von der Troika auferlegten Privatisierungsmaßnahmen.

Wir haben einen passenden Treffpunkt vereinbart: Auf einem stillgelegten Militärgelände am Stadtrand findet ein „antifaschistisches Festival" statt. Wir werden uns am Sonntagabend treffen; das gibt mir Zeit, das Flair der Stadt ein wenig zu genießen.

Die Wirtschaftskatastrophe, die Griechenland derzeit erlebt, tritt völlig in den Hintergrund, wenn man sich an einem Wochenendabend zu einem Rundgang durch den Ausgehbezirk Ladadika oder einem Streifzug durch die Diskotheken in Hafennähe aufmacht. Die Tavernen sind brechend voll, und aus den Clubs dröhnt es bis mindestens vier Uhr früh – mit Trauben von fein herausgeputzten Mädchen und Burschen vor den Eingängen. Wer sich hier unbedarft dem Vergnügen hingibt – und das tun nicht nur Touristen, sondern auch Einheimische –, wird kaum etwas von der Krise wahrnehmen. „Sie tanzen nach dem Echo", würde Chris Spirou sagen.

Bei einem Stadtspaziergang fallen dann aber auch hier die leeren Geschäfte auf – und die beiden in großer Häufigkeit wiederkehrenden Wörter, die aus den Stadtbildern Griechenlands derzeit nicht wegzudenken sind: „poleítai" (zu verkaufen) und „enoikiázetai" (zu vermieten).

Treffpunkt für Alt und Jung, aber auch Schauplatz großer Demonstrationen ist der Aristoteles-Platz mit einer überlebensgroßen Statue des Philosophen.

Er hat hier Heimvorteil, war er doch der Lehrer Alexanders des Großen, des Berühmtesten aller Makedonier. Umso unglaublicher, dass er – wie erwähnt – erst jetzt zum ersten Mal ins Neugriechische übersetzt wurde.

Thessaloniki ist eine attraktive Metropole, mit Spuren aus römischer, osmanischer und venezianischer Zeit. Die Hauptstadt der Region Makedonien wurde erst 1913, im Zuge der Balkankriege, Griechenland zugesprochen. Lange Zeit galt sie als das „Jerusalem des Balkans", weil ihr viele sephardische Juden einen unverwechselbaren kulturellen Anstrich gaben. Sie waren aus Spanien vertrieben worden und hatten in Thessaloniki eine neue Heimat gefunden. Bis die Nazis kamen. Ab Frühjahr 1943 wurden fast alle fünfzigtausend Juden der Stadt nach Auschwitz-Birkenau deportiert, nur etwa zweitausend überlebten.

Auf dem „Platz der Freiheit" behauptet sich ein Holocaust-Memorial gegen die Freizeitstimmung. Es ist einer Menora, einem siebenarmigen Leuchter, nachempfunden, aber in den sieben schwarzen Flammen sieht man schwarze Köpfe und stürzende Körper. Ein düsterer Anblick, dem Anlass angemessen. Das Denkmal erinnert mich an jenes in Dachau – und es ist auch tatsächlich vom selben Künstler entworfen worden: von Nandor Glid, einem Holocaust-Überlebenden.

Nach der Begegnung mit diesem Mahnmal bekommt das Wort „Antifaschismus" in dieser Stadt einen besonderen Klang.

Auf dem Festivalgelände bereiten Aktivistinnen und Aktivisten ihre Informationsstände für den Abend vor. Natürlich sind Vertreter linker Parteien gekommen, ihre roten Fahnen flattern im Wind. Aber auch eine Delegation der Sozialklinik von Thessaloniki ist dabei. Eine „Schule der Solidarität" stellt sich vor oder eine Initiative von Menschen, die gemeinsam Essen kochen – für die, die sonst keines hätten.

Jianis ist einer von ihnen. Er hat in Deutschland studiert und gearbeitet, in einem nicht alltäglichen Job: Er ist Meeresbiologe. „Aber damit kriegst du auch in Deutschland heute keine Arbeit mehr", lächelt er. Jetzt ist seine Mutter alt und krank; Jianis erachtete es als seine Pflicht zurückzukommen – gerade rechtzeitig, um das große Desaster mitzuerleben. „Sie fahren uns nicht an die Wand", sagt Jianis, „wir sind längst hinter der Wand." Denn: „Arbeitslosigkeit und Armut wachsen beängstigend schnell." Sein Engagement in der Sozialküche empfindet Jianis nicht als gute Tat, sondern als einen Versuch, den Menschen zu ihrem Recht auf Nahrung zu verhelfen.

Leider ist das Wetter nicht besonders. Der Wind treibt Sand vor sich her, auch einige Regentropfen sind dabei. Man sichert die Flugzettel und Plakate, aber ans Heimgehen denkt niemand. Als alles wieder an seinem Platz ist, zeigt mir Jianis eine hübsche PR- und Spendenidee: Grüne und rote Kochschürzen werden verkauft; der Erlös fließt natürlich in die Küche.

„Du musst nicht links sein, auch nicht einmal politisch, um zu sehen, welcher Wahnsinn hier im Gang ist", sagt Jianis, als wir wieder bei unserer Limonade sitzen. „So kann es nicht weitergehen", sagt er – und zeigt sich zuversichtlich, dass es auch nicht so weitergehen wird. „Man hat den Pensionisten die Pensionen gekürzt und die Mindestausgleichszulage gestrichen. Jetzt merken auch die konservativen alten Leute, wohin der Weg geht. Es reicht nicht mehr zum Leben." Aber, wende ich ein, die Regierung mache doch deutlich, dass sich die Gesamtlage gar nicht so schlecht entwickle, dass man Licht am Ende des Tunnels sehe. „Ja", lacht Jianis trocken. „Aber das Licht kommt von der Lok, die auf uns zurast."

136 Euro für ein Wasserwerk

Dann kommt der Mann aufs Gelände, dessentwegen ich nach Thessaloniki gekommen bin. Konstantin Mariouglou – randlose Brille, Dreitagebart, einige Silberfäden im schwarzen Haar – bittet mich zu seinem Präsentationsstand. Er zündet sich eine Zigarette an, denn eine solche brennt bei ihm fast immer. Während im Hintergrund die erste Podiumsdiskussion des Abends beginnt, vertiefen wir uns ins Thema.

Konstantin ist einer der Initiatoren der „Gruppe 136", die es sich zum Ziel gesetzt hat, den Verkauf der kommunalen Wasserversorgung Thessalonikis (EYATH) an private Investoren zu verhindern. Konstantin weiß, wovon er redet. Er ist seit vielen Jahren selbst beim Wasserwerk beschäftigt. Genau genommen sollen nur 40 Prozent des Betriebes verkauft werden, nämlich der einträgliche Teil mit Management und Verrechnung, während der kosten-intensive Teil, der für Instandhaltung und Infrastruktur zuständig ist, in den Händen des Staates bleiben soll.

„Weltweit macht man mit dieser Privatisierung des Wassers schlechte Erfahrungen", sagt Konstantin. „Das Wasser wird teurer, die Qualität sinkt." In Frankreich und anderswo habe man längst den umgekehrten Weg eingeschlagen und begonnen, private Wasserversorger wieder zu kommunalisieren, erklärt er. „Aber in Griechenland soll das plötzlich wieder eine gute Lösung sein?" EYATH bietet aus Konstantins Sicht auch überhaupt keinen Anlass zum Verkauf. Das Wasser ist gut, die Preise sind in Ordnung – und die Firma schreibt schwarze Zahlen. Ein Privatunternehmen müsste Gewinne auszahlen, anstatt sie ins Unternehmen zu reinvestieren. Was könnte es da besser machen?

Die Idee der „Gruppe 136", die mittlerweile eine „Bürgerunion für Wasser" gegründet hat, ist einigermaßen ambitioniert. Sie akzeptiert, dass der Staat die Wasserversorgung veräußern möchte. Aber das heißt für sie noch lange nicht, dass ein Privatunternehmen – womöglich ein multinationaler Konzern – zum Zug kommen muss. Konstantin und sein Team möchten erreichen, dass niemand anderer als die Bürgerinnen und Bürger von Thessaloniki selbst ihr Wasserwerk kaufen – oder zumindest den Teil, der zum Verkauf steht. Die dazu nötigen finanziellen Mittel sollen von den Privatpersonen selbst kommen. Wer den Vorschlag unterstützt, wird gebeten, nicht nur eine Unterschrift zu leisten, sondern auch seine Bereitschaft zu bekunden, 136 Euro – in Krisenzeiten gar nicht wenig Geld – aufzubringen. Die neue gemeinschaftliche Kooperative soll von einem Bürgergremium kontrolliert werden. Sie soll die Qualität des Wassers hoch halten, großes Augenmerk auf den Umweltschutz richten und vor allem: Sie soll nicht auf Gewinn ausgerichtet sein.

Natürlich ist das nicht einfach. „Wir haben keine Möglichkeit, eine große Informationskampagne zu finanzieren", sagt Konstantin. Trotzdem ist er zuversichtlich, dass es gelingen wird. Eine große Mehrheit, sagt er, unterstütze die Forderungen. Auf jeden Fall werde man nicht rasten und ruhen, um alle zu informieren und zu mobilisieren.

Die „Gruppe 136" versteht sich auch als Sand im Getriebe der Privatisierungspolitik, die die Regierung per Memorandum zugesagt hat. Die Schulden, davon sind die Aktivisten überzeugt, dienen lediglich als willkommener Anlass für die Privatisierungswelle. Glückspielfirmen sind dabei weniger das Problem. Aber die Eisenbahn, die eben viele Mitarbeiter entlassen und die Gehälter um 40 Prozent gekürzt hat, dazu Häfen und Flughäfen, die staatliche Gas- und eben Wasserversorgung, eine Nickelproduktion, die Post, eine Erdölgesellschaft, Immobilien und Grundstücke?

„Jetzt werden auch die Küstenstreifen an Private verkauft", ärgert sich Konstantin. Er sieht nicht ein, wozu der Großverkauf des Staates – noch dazu krisenbedingt zu Billigpreisen – gut sein soll. „Wenn dann alles privat ist", fragt er, „worüber kann der Staat dann eigentlich noch entscheiden? Und wofür wählen wir dann?" Was ihm als negatives Beispiel vor Augen schwebt, ist das „Modell Thailand" mit seinen Hotels und Touristenstränden. „Alles gehört Ausländern; die Gewinne bleiben nicht im Land. Die Einheimischen dürfen um wenig Geld mitarbeiten, aber mitreden und mitverdienen dürfen sie nicht."

Bei der nächsten Podiumsdiskussion ist Konstantin als Redner vorgesehen. Er verabschiedet sich. Ich muss zum Flughafen. Der Wind fährt über Gruppen von Menschen, die diskutieren und nachdenken und mitreden. Ein Transparent fordert eine Volksabstimmung, damit alle nein sagen können zum Verkauf von Wasser und Wasserwerk. Ein anderes fordert dazu auf, gegen den Ausbau von Goldminen auf Chalkidiki Widerstand zu leisten. Natürlich ist es eine private Firma, die dort die Förderung von Gold intensivieren möchte – mit, wie die Aktivisten befürchten, katastrophalen Folgen für die Umwelt. Es ist eine weitere gewichtige Stimme gegen die von der Troika vorgegebene Privatisierungslogik, die so viele Griechinnen und Griechen für eine neoliberale Scheinlogik halten.

Werden die Bürgerinnen und Bürger bald im Besitz ihres Wasserwerkes sein? Werden sie beweisen, dass sie es gut verwalten können? Ich bin beeindruckt von dem Engagement und der Zivilcourage, die mir begegnen. Stadtbewohnerinnen und Stadtbewohner legen ihre Passivität ab und nehmen ihre Interessen selbst in die Hand: Da weht mitten in der Krise ein neuer demokratischer Wind.

19. SOLIDARITÄT FÜR ALLE. UND WARUM CHARITY ETWAS ANDERES IST

Ideen sind gefragt – nicht nur neue. Wenn sie gut sind, tun es die alten auch. In einigen Kaffeehäusern kann man einen „Kaffee, der wartet" bestellen. Der ist dann schon bezahlt und wird an jemanden ausgeschenkt, der oder die kein Geld hat. Der hübsche Gedanke ist angeblich gut 100 Jahre alt, stammt aus Neapel, ist natürlich ganz nebenbei auch eine Reklame für das Kaffeehaus – und hat mit den Solidaritätsnetzwerken, die überall in Griechenland entstanden sind, eigentlich herzlich wenig zu tun.

In einem geräumigen, ruhig gelegenen Ecklokal im Athener Bezirk Galatsi erwartet mich Stergios, ein Mann Mitte fünfzig, von Beruf Buchhalter. Die Klimaanlage lässt die Hitze des Abends draußen, Stergios trinkt einen Café Frappé und macht mir auch einen – hinten, in der kleinen Teeküche im Nebenraum. Er ist Buchhalter von Beruf – und in der Freizeit gern unter Freunden. Vor wenig mehr als einem Jahr, erzählt er, ist dieser Raum als Club und Kulturtreffpunkt mit dem Namen „Ampariza" eingerichtet worden. „Aber dann", sagt Sergios, „haben wir gesehen, dass es zuerst ums Überleben geht." Denn im Viertel wuchs – wie anderswo auch – die Arbeitslosigkeit und mit ihr die Armut. Eine Gruppe Engagierter machte sich daraufhin an die Arbeit, um eine Idee umzusetzen, die seit dem Frühjahr 2012 viele überzeugt: Lebensmittelverkauf ohne Zwischenhändler. Schon vor der Krise hatte sich eine Initiative gebildet, die sich zum Ziel setzte, landwirtschaftliche Produkte direkt bei den Produzenten zu kaufen. Allerdings war das, was sie einkauften, nur von bester Qualität, teuer und für viele unerschwinglich. Erst die Krise machte die etwas elitäre Idee massentauglich.

Stergios ruft seinen Sohn Iason – einen Technikstudenten, der uns helfen soll, Sprachbarrieren zu überwinden. Aber Iason beschränkt sich nicht auf die Rolle des Übersetzers. Er ist vom direkten Handel ebenso begeistert wie sein Vater. Etwa 150 Leute helfen bei der Organisation mit, sagt er, und erklärt mir gleich selbst, wie die Sache funktioniert. Mit Produzenten von Grundnahrungsmitteln wird ein Termin vereinbart; einmal pro Monat findet ein „Ohne-Zwischenhändler-Markt" statt, bei dem lagerbare Nahrungsmittel verkauft werden: Kartoffeln, Bohnen, Oliven, Öl, Reis, Nudeln und so weiter. Der Termin wird in Lokalzeitungen und auf Flugblättern rechtzeitig bekannt gegeben. Gleichzeitig werden Bestelllisten verteilt. Dann kommt eine arbeitsintensive Phase, in der das Büro tagsüber ständig besetzt sein muss, denn die Leute kommen und geben ihre Bestellungen ab. Oder sie rufen an. Eine Online-Bestellmöglichkeit im Internet ist nicht vorgesehen. Schließlich steht hinter der Aktion ja auch die Absicht, die Menschen miteinander in Kontakt zu bringen. Im Vorfeld läuft die Aktion ganz ohne Geld ab. Die Kosten für die Flugblätter zahlen die Produzenten. Die Magie der Sache ist: Die Bauern verkaufen ihr Gemüse teurer, als sie es an die Supermärkte verkaufen könnten. Trotzdem sinkt der Preis für die Konsumenten um bis zu 50 Prozent. Wenn an einem Sonntag dann Markttag ist, kommen die Leute, kaufen je nach Bestellung Kupons und nehmen ihre Lebensmittel in Empfang.

Auch für Qualitätskontrolle ist gesorgt. Die Rückmeldung aus den Familien kommt prompt und direkt. Wer minderwertige Ware liefert, wird verwarnt und verliert im Wiederholungsfall den Zugang zu allen derartigen Märkten in Attika. Das Interesse der Produzenten, im Geschäft zu bleiben, ist groß. Stichprobenartig wird die Ware auch im Labor getestet – aber das muss Stergios mit seinem Team nicht selbst organisieren.

Sechsmal hat „Ampariza" in Galatsi bisher einen „Ohne-Zwischenhändler-Markt" veranstaltet, dabei wurden 250.000 Kilo Lebensmittel verkauft. Die Käufer im Viertel, rechnet Stergios vor, hätten sich dabei insgesamt etwa 300.000 Euro erspart.

Und das ist nicht alles. Für Menschen, die sich auch stark verbilligte Lebensmittel nicht leisten können, lassen die Produzenten zusätzlich zwei Prozent an Waren unentgeltlich da. Das Team verpackt sie in Säcke und versorgt damit 130 Familien. Drei- bis viertausend Kilo Gratisnahrungsmittel konnten bisher verteilt werden.

Die Leute bringen auch gebrauchte Kleidung oder Medikamente mit, wenn sie ihre Bestellung abgeben. Der Club sorgt dafür, dass auch diese Ware dorthin kommt, wo sie gebraucht wird. Der „Ohne-Zwischenhändler-Markt" ist eine bestechende Idee, die natürlich vom anhaltenden Engagement der ehrenamtlich Beteiligten abhängig ist.

Auf einer Tafel hängen Plakatankündigungen für Veranstaltungen im Club und anderswo. Ein Abend widmet sich Widerstandsliedern, einer der nationalen Solidarität zur Zeit der deutschen Besatzung. Eine Diskussionsveranstaltung trägt den Titel „Es gibt einen anderen Weg. Widerstand – Demokratie – Solidarität". Auch zum Festival „Land und Freiheit", das irgendwo in den Bergen stattfindet, wird eingeladen.

Es geht ums Überleben, sagt Stergios. Und deshalb auch um einen Politikwechsel im Land. Auf ihren Flugblättern informiert die Gruppe über die Gründe der Krise aus ihrer Sicht. Ihre Forderung ist knapp und einfach: Die Troika muss weg. Und die Regierung auch.

Auf dem Computer zeigt mir Stergios Bilder eines Freundes. Sie stammen von Demonstrationen; der Volksschullehrer war immer an vorderster Front dabei. Zu Ostern 2012 fuhr er in das Dorf seiner Familie und erhängte sich. Dann, vor einigen Wochen, eine Frau aus der Nachbarschaft. Man kannte sie; sie war Kundin im „Markt ohne Zwischenhändler." Ein Foto zeigt einen alten Mann mit Stock und weit aufgerissenen Augen vor einem blutenden toten Körper. Sie muss direkt vor ihm auf die Straße gestürzt sein. Stergios war im Club und hörte den Aufprall. In diesen beiden wie in vielen anderen Fällen, von denen Stergios weiß, war der Anlass vermutlich Verzweiflung aufgrund finanzieller Aussichtslosigkeit. Nachbarn stellten einen Blumenstrauß an den Sterbeort der Vierzigjährigen und eine kleine Tafel, auf der stand: „Leute, sie töten uns jeden Tag. Wacht auf!"

Die „Ameise" im Großeinsatz gegen die Verelendung

Kipseli ist ein Stadtteil, in dem viele Migrantinnen und Migranten wohnen. Einerseits haben die Menschen dort gelernt, mit der kulturellen Vielfalt umzugehen, andererseits aber ist Kipseli auch ein Hotspot für Rassismus und Rechtsextremismus. Die neofaschistische „Goldene Morgenröte" (Chrysi Avgi) ist hier stark präsent. Vor der großen Kirche des heiligen Panteleimon haben sie ihr simples Weltbild in einem großen Bodengraffito dargestellt: „Griechenland den Griechen".

Im Club „Mirmingi" oder „Ameise" empfängt mich Lina an einer angesengten und rußgeschwärzten Tür. „Eine Attacke der Faschisten", sagt sie. Zum Glück ist nicht viel passiert. Aber der Schrecken sitzt tief, bei allen.

Es ist August, und es ist heiß. Der Großteil der Mitarbeiterinnen und Mitarbeiter ist aufs Land geflüchtet. „Mirmingi" hat den Betrieb eingeschränkt; nur am Montagabend ist geöffnet. Für eine Mutter mit zwei Kindern aus Äthiopien ist das eine Hiobsbotschaft, denn auch die Kirche, bei der sie sonst täglich ihr Essen bekommt, hat auf Ferienbetrieb umgestellt. „Es ist kein Essen im Haus", klagt sie. Lina muss sie auf Montag vertrösten.

„Mirmingi" ist eine Gruppe von etwa fünfzig Leuten, die sich zwei Aufgaben gestellt haben: Sie wollen in der Krise helfen und sie wollen eine Antwort auf Rassismus und Faschismus geben. „Es hat eine wahre Explosion an Solidaritätsinitiativen gegeben", erzählt Lina bei einem Glas Tonic Water. In fast jeder Gegend Athens engagieren sich Menschen gegen den Hunger, mit großen und kleinen Aktionen.

Einmal pro Woche gibt es in „Mirmingi" eine Versammlung, zu der alle kommen können, die möchten. Zwischen „Helferin" und „Hilfsempfänger" wird kein großer Unterschied gemacht. Und die, die um Hilfe bitten, müssen keinen wie immer gearteten Kriterien entsprechen. Schließlich verteilt auch „Chrysi Avgi" fallweise Essen, aber dort muss man zuerst nachweisen, dass man Grieche oder Griechin ist. Bei „Mirmingi" kann davon keine Rede sein. Griechen und Migranten wird gleichermaßen geholfen.

Allerdings ist die Kapazität nicht unbegrenzt. Im November 2012 wurde der Verein gegründet, Ende des Monats hatte man schon 600 hilfsbedürftige Familien gefunden und konnte seither keine mehr dazunehmen. Jetzt überlegen sich alle, wie diese Zahl im Herbst aufgestockt werden kann.

Die Methode von „Mirmingi" ist eine andere als etwa die von „Apostolí": Es gibt keine anonymen Sammelkörbe. Vielmehr stellt sich eine Gruppe von Engagierten – Hilfsbedürftige inklusive – vor den Supermarkt und erklärt den Einkäuferinnen und Einkäufern, was benötigt wird: Nudeln zum Beispiel, oder Linsen, Tomatensaft, Olivenöl. In den meisten von Armut betroffenen Wohnungen gibt es keinen Strom mehr, daher auch keinen Kühlschrank und kaum eine Möglichkeit zu kochen. Das Sortiment muss darauf abgestimmt sein. Dazu kommen noch die in jungen Familien sehr gefragten Babywindeln. Von einem „Ohne-Zwischenhändler-Markt" bekommt „Mirmingi" auch Gratislebensmittel und gibt sie an Familien weiter.

Der direkte Kontakt mit den verarmten Menschen und mit den Spenderinnen und Spendern sowie die gemeinschaftliche Aktion seien für alle sehr enthüllend und lehrreich, sagt Lina. Erst so verstehe man, was im Viertel wirklich vor sich gehe.

Lina ist eine engagierte Frau, aber zuversichtlich ist sie nicht. Sie erlebt, wie rund um sie alles zusammenbricht. In den leeren Augen der Kinder sehe man, dass sie unter schwierigsten Bedingungen aufwachsen, sagt sie. Zum Glück haben auch Experten für seelische Betreuung gratis ihre Hilfe angeboten. Zu ihnen bringt man Menschen, die besonders schwer an Depressionen oder seelischen Belastungsyndromen leiden.

Die Miete für das Vereinslokal, das auch einen kleinen Keller mit Lagerräumen hat, zahlen alle gemeinsam – die Arbeitslosen und die, die noch Arbeit haben. Lina zählt zu den Arbeitslosen. Sie hat als Übersetzerin für Englisch, Französisch und Deutsch gearbeitet. Aber jetzt gibt es keine Aufträge mehr.

„Würde", sagt sie, „das ist für uns ein Schlüsselbegriff in unserem Kampf für soziale Rechte. Es ist die Würde, die durch diese Krise verletzt wurde. Das ist nicht etwas, das vorübergeht und wieder besser wird, wenn irgendwann die Zahlen nach oben zeigen sollten. Das ist etwas, das geschehen ist und nicht mehr ungeschehen gemacht werden kann." Lina ist jetzt über vierzig. Sie war ihr Leben lang daran gewöhnt zu arbeiten „wie verrückt". Und dann, plötzlich: nichts. „Nicht nur keine Zukunft, sondern vor allem auch keine Gegenwart." Für das vergangene Jahr, erzählt sie, seien ihr mehr Steuern und Abgaben vorgeschrieben worden, als ihr Bruttoeinkommen ausgemacht habe. „Ich muss mich entscheiden", sagt sie. „Entweder ich kaufe Essen ein und zahle für das Internet, oder ich zahle die Steuern. Beides geht nicht."

Nicht die Vision, die Notwendigkeit steht am Anfang

Die Sozialklinik in der Kanigos-Straße, der Club „Ampariza" in Galatsi und „Mirmingi" sind Teil eines großen sozialen Netzwerks, das sich seit dem Frühjahr 2012 in großer Schnelligkeit gebildet hat. Der Großteil der Aktivistinnen und Aktivisten kommt aus linken Gruppierungen. In ihrer sozialen Arbeit geht es nicht darum, negative Folgen der Troika-Politik zu lindern; es geht vor allem darum, diese Politik zu beenden.

Keiner kann das besser erklären als Kristos Giov, der mich im Büro der Oɪganisation „Solidarität für alle" in der Akadimias-Straße, nahe dem Omonia-Platz, empfängt.

Die Solidaritätsnetze seien von unten entstanden, sagt Kristos, ohne Zutun von Parteien und großen Organisationen. „Sie waren vor uns da." Dennoch haben sie mit der großen Politik zu tun. Es sei die Besetzung des Syntagma-Platzes im Frühjahr und Sommer 2011 gewesen, die am Anfang der sozialen Bewegungen stand. Die Leute von dort gingen in ihre Wohnviertel zurück und begannen, neue Ideen umzusetzen.

Sehr wichtig ist es für Kristos, sich von Philanthropie und Karitas oder „Charity" abzusetzen. „Solidarität", sagt er, „ist etwas anderes." Das Unterscheidungsmerkmal ist für ihn die Partizipation der Menschen: Solidarität mache eben keinen Unterschied zwischen Helfern und Hilfsempfängern, alle gemeinsam setzen sich für die Sache ein. Die herrschenden Machtverhältnisse sollen nicht zementiert werden. Damit finden sich neue Wege der sozialen Selbstorganisation von Menschen – mit starken Auswirkungen auf Mitbestimmung und Demokratie.

„Solidarity4all" versucht, den verschiedenen Gruppierungen beizustehen und die Kommunikation zwischen ihnen zu erleichtern. Derzeit arbeitet man etwa an einer Datenbank, mit deren Hilfe Medikamente in allen Sozialapotheken Attikas gesucht und bestellt werden können. Die Initiativen aber kommen von unten, von den Menschen selbst.

Es werden auch nirgendwo große Spendentöpfe verwaltet. Für Menschen wie mich, die an den Umgang mit Spenden werbenden NGOs gewöhnt sind, klingt das ganz unglaublich, aber Kristos meint es ernst. „Wir vermeiden es, mit Geld zu arbeiten", sagt er. Das mache es einerseits unmöglich, dass sich jemand an der Kassa vergreife, andererseits aber sei es auch wichtig im Sinne der Partizipation. „Wenn jemand etwas spenden möchte, nehmen wir kein Geld, sondern sagen ihm, welches Medikament gebraucht wird. Der Akt, selbst etwas zu tun, etwa in die Apotheke zu gehen und dabei mit Menschen in Kontakt zu kommen, ist uns sehr wichtig."

Ich frage Kristos nach seiner Vision. Wie soll Griechenland nach der Krise aussehen? Verweigerung. Kristos kommt mir nicht mit großen Phrasen. Er hat kein Konzept in der Schublade. „Wir beginnen nicht mit einer Vision, sondern mit der Notwendigkeit – mit dem, was die Menschen jetzt konkret brauchen", sagt er. „So viele tun mit und schalten sich ein: Das wird auf lange Sicht die Vision hervorbringen."

Veränderungen gibt es freilich schon jetzt. Die „Ohne-Zwischenhändler-Märkte" beeinflussen die Preise im Supermarkt, denn man lernt von ihnen, dass die Zwischenhändler für bis zu fünfzig Prozent des Preises verantwortlich sind. Innerhalb von zehn Monaten, sagt Kristos, hätten schon 22 Prozent aller griechischen Haushalte in einem solchen Markt eingekauft. Unter den Bauern entstehen neue Kooperativen, die nur mehr für diese Märkte produzieren wollen. Und ganz nebenbei wird ernsthaft in Frage gestellt, ob griechische Bauern wirklich Futtermittel für nordeuropäisches Vieh produzieren sollen, anstatt zur Versorgung der Menschen im eigenen Land beizutragen.

Wichtig ist für Kristos auch, dass in den einzelnen sozialen Initiativen neue Wege des Umgangs miteinander eingeübt werden: direkte Demokratie, hierarchiefreie, offene Prozesse der Entscheidungsfindung, Selbstorganisation. Bei vielen Menschen schärft sich so der Blick für Not und Notwendigkeit.

So entstehen auch andere Ideen. Alexandra erzählt, in ihrem Wohnviertel – in Exarchia – werde jetzt gezielt gegen Stromabschaltungen gekämpft. Wenn das E-Werk kommt, werden per Telefonliste schnell alle verständigt. Sie gehen hin und versuchen, die Abschaltung zu verhindern. Gelingt das nicht, gibt es Elektriker, die die Sache – illegal, aber effektiv – wieder in Gang bringen. Ihr ehrenamtliches Engagement für die Sozialklinik ist aus der Sicht Alexandras genauso ein Akt des Widerstands. Denn auch die medizinische Versorgung der Menschen habe einen kämpferischen Aspekt: Für soziale Auseinandersetzungen, für eine Revolution gar, brauche es gesunde Menschen.

Die Aktivistinnen und Aktivisten in den sozialen Bewegungen – mehr als 20.000 dürften es mittlerweile sein – kommen laut Kristos Giov nicht nur aus dem linken Bereich, sondern zum Teil auch aus einem eher unpolitischen Umfeld. Die Zielrichtung ihres Einsatzes ist aber klar: Man will eine neue Regierung, die sich der Troika widersetzt – was immer das im Einzelnen bedeutet.

„Solidarität für alle" wird von Syriza-Abgeordneten finanziert, indem sie zwanzig Prozent ihres Gehalts zur Verfügung stellen. Das reicht bisher für die Arbeit, die ja nicht auf Geld, sondern auf den Einsatz der Menschen zählt. Trotzdem könnte es mehr sein, sagt Kristos, denn die Probleme wachsen. Lina von „Mirmingi" sieht die Trennung von „Solidarität" und „Karitas" überhaupt gelassen. Bei allem Bemühen um ideologische Begriffsklärung: „Die Not ist so groß", sagt sie, „da ist Karitas viel besser als nichts."

Über die Sammlungstätigkeit von SKAI-TV fällt Kristos nur ein, es sei vielsagend, dass man dort ausgerechnet mit der Kirche und dem Militär – den „reaktionärsten Institutionen der griechischen Gesellschaft" – zusammenarbeite. Auch Memorandum-Befürworter sammeln Spenden und geben Essen aus. Und auch ultrarechte Memorandums-Gegner zeigen sich sozial. Von ihnen allen will Kristos seine Organisation deutlich abgrenzen. Hier geht es um Politik, hier geht es um Kampf. „Solidarität", sagt er, „ist ein Kampfgebiet."

In der Begegnung mit Kristos und den engagierten Frauen und Männern in den sozialen Gruppen meine ich zu begreifen, welche Art von Kampf Mikis Theodorakis in seinem „Brief an die Weltgemeinschaft" gemeint haben könnte. Ob Syriza die nächste Wahl gewinnt oder nicht: Mit den sozialen Netzwerken, die „Solidarität für alle" unterstützt, hat in Griechenland eine Veränderung begonnen, deren Tragweite noch nicht absehbar ist.

Aus dem einstigen „Mutterland der Demokratie" kommen auch heute wegweisende Ideen.

20. DIE GROSSE DRIFT. POLITISCHE FOLGEN WIRTSCHAFTLICHER NOT

Michail sitzt im Foyer des großen Hotels in Kreta und sieht den Touristen beim Ein- und Auschecken zu. Einige schlurfen in Shorts und T-Shirts in den Frühstücksraum oder hinaus an den Pool. Die Stimmen, die Sprachen mischen sich. „Es ist gut", sagt Michail, „dass heute alle so friedlich nebeneinander sind: die Deutschen, die Engländer, die Franzosen ..." Michail ist neunzig; er hat das auch anders erlebt.

Am 20. Mai 1941 griff die deutsche Wehrmacht Kreta an, und zwar aus der Luft. Die zehntägige „Schlacht um Kreta" war äußerst verlustreich, nicht nur für die kretischen, britischen und neuseeländischen Verteidiger, sondern auch für die deutschen Fallschirmjäger. Während der folgenden Besatzungszeit waren Partisanenaktionen an der Tagesordnung; die Deutschen konnten den Widerstand nicht brechen. Sie reagierten mit besonderer Härte: Konzentrationslager, Geiselerschießungen. Die Devise lautete: Für jeden Deutschen zehn Griechen. Das Dorf Kandanos im Verwaltungsbezirk Selinon ist zum Symbol der Grausamkeit geworden. Am 2. Juli 1941 wurde es dem Erdboden gleichgemacht, fast alle Dorfbewohnerinnen und -bewohner wurden ermordet.

Michails Frau sitzt gern bei ihrem Mann. Im Hotel gibt es immer etwas zu beobachten. Manchmal ergibt sich auch ein Gespräch. Ein paar deutsche Wörter von ihnen, ein paar griechische von mir, dazu die Hände. Wenn die Enkelin Zeit hat, hilft sie aus und übersetzt. Das Hotel trägt den Namen der Frau; Michail und Sophia haben es zum Florieren gebracht. Die beiden strahlen Zufriedenheit aus, eine fröhliche Gelassenheit. Sie genießen es, ihr Lebenswerk am Leben zu sehen.

Wenige Tage zuvor habe ich mit dem Gründer der Orthodoxen Akademie in Kolymbari, Alexandros Papaderos, gesprochen. Das Dorf seiner Kindheit, Livadas in Südkreta, war ein Zentrum des Widerstands. Es wurde 1943 aus der Luft zerstört, da war Papaderos zehn. Weil er als Bote für den Widerstand gearbeitet hatte, wurde er in ein KZ gebracht. Noch heute erinnert er sich an die Gewehrsalven am Morgen, wenn die Erschießungskommandos ihre blutige Arbeit taten.

Michail dagegen lässt nichts auf die Deutschen kommen. Die Soldaten seien sehr freundlich gewesen, erzählt er. Die paar Brocken Deutsch, die er kann, hat er von ihnen gelernt. Der Kreter bewundert die Disziplin der deutschen Militärs, er bewundert den Mut der Fallschirmjäger, die die Insel eroberten. „Man durfte nicht aufbegehren, aber wenn man sich an ihre Regeln hielt, kam man sehr gut mit ihnen aus." Stolz zeigt er mir ein Familienfoto, auf dem auch ein Soldat in deutscher Uniform in die Kamera lächelt.

Nein, er selbst habe im Zweiten Weltkrieg nicht gekämpft. Aber dann, im Bürgerkrieg, gegen die Kommunisten. Ich frage ihn, ob er im Kampf auch auf Menschen – Feinde, Griechen – schießen musste. „Ja", sagt Michail, „das mussten wir. Aber wir haben gar nicht hingesehen." Er zeigt mir, wie man das macht: zu schießen ohne hinzusehen – und ich werde den Eindruck nicht los, dass er bis heute nicht hinsieht.

Theodorakis? Nein, von dem will Michail nichts hören, auch seine Musik nicht, seine Lieder nicht. Ich ahne, was kommen wird, als ich auf die Militärdiktatur, die Junta zu sprechen komme. „Damals war es viel besser", sagt Michail. Die Politiker heute, die seien doch alle „klephtes", Diebe. Aber damals habe im Land Ordnung geherrscht.

Die beiden alten Leute sind mir sympathisch. Ihre Pro-Junta-Haltung und ihre Begeisterung für die deutsche Wehrmacht sind für mich äußerst irritierend, aber der Frieden des Alters, die Freude über das Hotel, das längst von der nächsten und übernächsten Generation übernommen worden ist, wirken anziehend. Es ist schön zu sehen, wie der Zusammenhalt der Generationen funktioniert. Sophia, die Enkelin, lässt alles liegen und stehen, wenn sie ihre Großeltern sieht, und nimmt sie an der Hand, um sie zu ihrem Stammplatz zu geleiten. Die Familie bietet den Rückhalt, den man gerade in schweren Zeiten braucht. Die junge Sophia ist eigentlich Mathematiklehrerin, als solche aber arbeitslos. Jetzt ist sie eine Säule im Management des Hotels. Vor der Krise schirmt sie sich ab, indem sie den Medienkonsum völlig verweigert: keine Zeitungen, kein Fernsehen. Stattdessen verbringt sie jede freie Minute beim Roten Kreuz, wo sie Erste Hilfe trainiert, bei Veranstaltungen als Sanitäterin dabei ist und Delegationen, die auf die Insel kommen, mit einer Notfallausrüstung begleitet. Das Engagement im Roten Kreuz scheint ihr sinnvoller als endlose Debatten über die schwierige Lage des Landes. Dort sei man eine große Familie, sagt sie, alle Nationen zusammen, ohne Grenzen.

Michail ist nicht der einzige Grieche, der mir gegenüber so deutlich von der Junta schwärmt. Wasilios ist ein Tuchverkäufer, dessen Geschäft fast gänzlich zum Erliegen gekommen ist. Kaum jemand verirrt sich noch in den Laden mit den Holzregalen und bunten Stoffen; er weiß nicht, wie er die alten Schulden bedienen soll. Aber er zeigt mir stolz ein Metermaß aus der Zeit der Diktatur. Und eines, auf dem ein königliches Wappen die korrekte Länge garantiert. Mit ihnen misst er immer noch die Stoffe, wenn er sie von den Ballen rollt. „Du durftest zwar deine Meinung nicht frei sagen", meint Wasilios, „aber wenn du das beachtet hast, konntest du gut leben." Eleftheria y tanathos, Freiheit oder Tod? – Gegebenenfalls kommt man auch ohne Freiheit aus. „Wir konnten unsere Wohnungen offen stehen lassen", ergänzt Wasilios' Gattin, die auf einen Sprung dazukommt, „damals wurde nichts gestohlen."

Solange das Geld sprudelt, ist alles viel einfacher. Wie demokratisch eine Gesellschaft aber wirklich ist, zeigt sich in Zeiten der Not und des Mangels. Bei unserem langen Gespräch im Schatten des Schliemann-Hauses sagt Soziologieprofessor Kouzelis nachdenklich: „Leider denkt man nicht daran, die Demokratie zu entwickeln, solange das Geld da ist." Jetzt, wo Mangel und Knappheit herrschen und keine Geldströme die Lage beschönigen, zeigen sich Narben, schlecht verheilte Wunden, Bruchlinien der Gesellschaft in aller Deutlichkeit.

Griechenland – eine gespaltene Gesellschaft

Der Bürgerkrieg – Kampf gegen den Faschismus für die einen, gegen den Kommunismus für die anderen – endete mit einer Niederlage der Linken. Das hatte zur Folge, dass Griechenland als einziges Balkanland nicht Teil der kommunistischen Hemisphäre wurde, sondern im Einflussbereich des Westens blieb. Aber der tiefe Abgrund, der sich zwischen Griechen und Griechen aufgetan hat, ist immer noch da. „Es ist eine gespaltene Gesellschaft", sagt Professor Kouzelis. Und das sagt nicht nur er.

Vermutlich basiert auf dieser Spaltung auch ein grundsätzliches Misstrauen vieler Menschen gegenüber ihrem Staat. So sehr die Familie, wo sie intakt geblieben ist, Rückhalt in der Krise bietet, so sehr könnte sie auch den Blick auf das gemeinsame Ganze verstellen. Auf diesen Zusammenhang verweist Mikis Theodorakis in seiner Autobiografie. Anders als in seinem Schreiben an die Weltöffentlichkeit wird hier Griechenland nicht als von außen bedrohtes, einiges Volk beschworen. Theodorakis zeigt vielmehr eine schwere innere Zerrissenheit auf, an der das Land seiner Ansicht nach krankt.

„Ein wunderschönes Land, ein mit natürlichen und geschichtlichen Gaben reich gesegnetes Volk, stagniert in seiner Entwicklung, und der heutige Grieche – verzweifelt, weil seine Heimat nichts für ihn tun kann – sagt sich: ‚Da wir unfähig sind, alle zusammen etwas zustande zu bringen, muss ich mich wenigstens selbst retten.'" Die Familien bezeichnet Theodorakis als „Nomadeneinheiten", von denen das heutige Griechenland bevölkert sei. Schattenwirtschaft sei nichts anderes als „ökonomische Politik auf der Stufe der Familie". Alles außerhalb der eigenen Familie erscheine dann als der „Andere", der Fremde, der Feind – Staat, Finanzamt und Regierung eingeschlossen. Theodorakis zieht einen bitteren Schluss: „Das Finanzamt zu beklauen, den Staat, den ‚Anderen' hinters Licht zu führen, ist die neue Moral, da nur so die finanzielle Entwicklung der Familie möglich erscheint."

Stimmt diese Analyse? Und wenn ja, stimmt sie – das Buch ist 1986 erschienen – auch heute noch? Viele Griechinnen und Griechen versichern mir, sie hätten ihre Steuern immer rechtzeitig gezahlt. Schulden beim Finanzamt zu haben wäre ihnen sehr unangenehm gewesen. Trotzdem könnten der oft beklagte Mangel an Steuermoral oder die ebenso oft beklagte Unlust vieler reicher und superreicher Griechen, ihr Scherflein beizusteuern, mit dem von Theodorakis aufgezeigten Problem zu tun haben. Wäre schließlich nicht auch die Klientelpolitik gut erklärbar als Relikt aus einer Zeit, in der die erweiterte Familie der äußerste Bezugsrahmen war?

„Eigentlich erweist sich diese individualistische, auf die eigene Familie zugeschnittene Politik als Schwachsinn – für die Nomadeneinheit, also für die Familie selbst. Denn das Leben bleibt nicht bei dem Lebensmodell stehen, dem die meisten Griechen heute huldigen. In der modernen Welt erringen die Völker nur durch gemeinsame Anstrengung die für den Einzelnen wichtigsten und beständigsten Güter. Die ‚Familienpolitik' kann einem Menschen Haus, Auto, Fernsehen, Video, Kleidung und die tägliche Unterhaltung in den Restaurants und Nachtklubs garantieren. Auch Reisen ins Ausland … Aber Bildung, Gesundheit, Kultur?" Düster setzt Theodorakis nach: „Warum

20. Die große Drift. Politische Folgen wirtschaftlicher Not

171

erzähle ich das alles? Weil nur die Erinnerung uns noch retten kann. Wenn wir überhaupt noch zu retten sind ...."

In einem Kommentar auf „euro2day" (übersetzt auf der Website „Griechenland Blog") wird das besondere Verhältnis vieler Griechen zu ihrem Staat so beschrieben: „Die Bürger bezahlen für dieselben ‚öffentlichen' Leistungen zweimal. Sowohl als Steuerzahler als auch als Nutzer der ‚kostenlosen öffentlichen Dienste'. Sie zahlen ein ‚Fakelaki' an den Arzt des öffentlichen Krankenhauses, damit er auf sie aufpasst und ihnen nichts passiert. Sie bezahlen die Lehrer, damit sie ihren Kindern Privatunterricht geben, weil die öffentliche Bildung kein ausreichendes Wissen vermittelt. Sie hoffen auf Gott, nicht einem Diebstahl oder einem Raubüberfall zum Opfer zu fallen, da die Polizei bewiesen hat, selten effizient zu sein ... Anders gesagt, in Griechenland gilt das Prinzip der Gegenseitigkeit nicht. Der Staat besteuert die Haushalte immer heftiger, kommt jedoch seinen Verpflichtungen nicht so nach, wie er es müsste." Wenn nun der Staat seinen Teil schuldig bleibe, so der Kommentar weiter, dürften Steuervermeidung und fehlendes Steuerbewusstsein nicht überraschen. Es handle sich dabei um „Steuerwiderstand" gegen den Staat.

Wenn diese Analyse einer Kluft zwischen den Bürgern und ihrem Staat stimmt, wäre es hoch an der Zeit nachzudenken, wie sie überwunden werden könnte – zumindest dann, wenn man nicht nur am schnellen Sparerfolg, sondern an langfristiger Gesundheit interessiert ist. Eine als sinnvoll und gerecht empfundene Besteuerung mit zufriedenstellenden staatlichen Gegenleistungen wäre dafür unabdingbar. Die gegenwärtige Politik geht in die genau entgegengesetzte Richtung: Mit als ungerecht empfundenen, überhöhten und zum Teil schlicht nicht erfüllbaren Steuerforderungen bringt sie Griechinnen und Griechen weiter gegen ihren Staat auf.

Die Kluft zwischen rechts und links ist durch die Krise keineswegs kleiner geworden – obwohl sich die Forderungen bisweilen ähneln. Selbst bei der Besetzung des Syntagma-Platzes war eine eher linke und eine eher nationale Seite zu beobachten, erzählt mir ein junger Anthropologe. „In dieser Situation gibt es keine Mitte", sagt Alexandra in der Sozialklinik. „Vielleicht sind wir ja auch gegeneinander solidarisch", vermutet Gerasimos Kouzelis.

Neue Gewitterwolken schwerer Auseinandersetzungen türmen sich am Horizont. Der Blick in die Zukunft, wie er sich mir im August 2013 bietet, kann schnell überholt sein, und alte Prognosen sind nicht interessanter als der letztwöchige Wetterbericht. Ich fasse trotzdem zusammen, wie sich die Lage aufgrund meiner Gespräche darstellt: Viele Beobachter und Politiker rechnen mit baldigen Neuwahlen. Nach einer gesetzlichen Bestimmung sind Wohnungen oder Häuser, die man selbst bewohnt, auch im Fall der Überschuldung vor dem Zugriff der Banken weitgehend geschützt. Genau diesen Zugriff will die Regierung nun dem Vernehmen nach vereinfachen. „Wenn sie das tun, gibt es einen Aufstand", warnt sogar Andreas, der Memorandumfreundliche Unternehmer. Sollte die Regierung diese heikle Materie nicht durch das Parlament bringen, wären Neuwahlen fällig. Aber auch wenn sie ausbleiben sollten: Viele sehen die linke Syriza als kommende Kraft, auch wenn – wie Professor Kouzelis zu berichten weiß – die absolute Mehrheit, die sie bei den jungen Wählerinnen und Wählern hat, schwächer geworden ist. Was dann käme, weiß freilich niemand so genau. Ob Syriza, wie Yanis Varoufakis und andere hoffen, eine Kursänderung der Euro-Politik und ein Ende der Austeritätspolitik zustande brächte, ist offen. Ob sie mehr wäre als eine „neue Pasok" auch. Manos, der Importeur, vermutet genau das. Neue Pasok, das hieße für ihn: der Versuch einer Fortsetzung der alten, auf Schulden basierenden Finanzpolitik. Gerasimos Kouzelis selbst rechnet eher mit einem neuerlichen Erfolg der regierenden Nea Dimokratia unter Antonio Samaras, der auch vielen von denen, die ihn nicht mögen, zumindest als Garant einer gewissen Stabilität erscheine.

In den Szenarien taucht aber auch eine Partei auf, deren Erstarken weite Kreise der Bevölkerung mit Angst und Sorge erfüllt. „Chrysi Avgi", die „Goldene Morgenröte", sitzt – mit sieben Prozent der Stimmen bei den letzten Wahlen – im Parlament, Tendenz: stark steigend. Am 21. „Nebelung" 1993 sei die Partei gegründet worden, liest man auf völkischen Websites. Sie tut wenig, um den Vorwurf des Neonazismus zu entkräften. Ihre Schlägertrupps machen wie geschildert Jagd auf Migranten. „Morgenröte"-Anhänger finden in einem britischen Fernsehbericht offenbar nichts dabei, in die Kamera zu grinsen und dabei anzukündigen, man wolle Immigranten zu Seife verarbeiten. Wenn Chrysi Avgi Gutes tut, dann herrscht Ausweiszwang: Nur Griechen dürfen in den Genuss ihrer Ausspeisungen kommen. Auch die Gründung einer rein griechischen Blutbank wurde angeregt. Ihre Mitglieder setzen auf Einschüchterung und martialisches Gehabe. Nicht wenige tragen Waffen, sogar im Parlament. Yanis Varoufakis meint, auf Chrysi Avgi angesprochen: „Sie sind zwar nicht an der Regierung, aber sie sind schon an der

Macht" – und verweist als Beispiel auf ein jüngst verabschiedetes Gesetz, das nur mehr ethnischen Griechen gestatte, Polizistin oder Polizist zu werden. Bei der jüngsten Wahl der Taxigewerkschaft habe Chrysi Avgi ein Viertel der Stimmen errungen, erzählt Gerasimos Kouzelis.

Besonders bedenklich angesichts der labilen Lage des Landes erscheint ein Ereignis, das im Internet bestaunt werden kann: Bei einer Parteiversammlung im kretischen Chania entrollten Anhänger der „Goldenen Morgenröte" die Phönix-Fahne der Junta.

Großvater Michail ist seiner Überzeugung ein Leben lang treu geblieben. Nichts wird ihn mehr davon abbringen. Er findet in seiner Erinnerung nur gute Erfahrungen mit den deutschen Besatzern und der Militärdiktatur. Das Problem ist nicht er. Das Problem ist, dass viele so denken wie er. In einer Erhebung des Umfrageinstituts „Metron Analysis", veröffentlicht im April 2013, stimmten dreißig Prozent der Befragten – unter ihnen Wähler aller Parlamentsparteien – dem Satz zu: „Während der Periode der Diktatur waren die Dinge besser als heute." Umfragen dieser Art sind in ihrer Zuspitzung und Vereinfachung immer mit Vorsicht zu genießen. Aber der Befund wird von den Beobachtungen gestützt, von denen mir zum Beispiel Gerasimos Kouzelis erzählt.

Eine von ihm betreute Diplomarbeit widerlegt die Vermutung, jugendliche Chrysi-Avgi-Anhänger kämen lediglich aus zerrütteten Familien und kaputten Verhältnissen. Im Gegenteil: Sie kommen auch aus bestem Hause. Kouzelis erzählt mir von Lehrern, die angezeigt wurden, weil sie im Unterricht wahrheitsgemäß davon gesprochen hätten, dass Kemal Atatürk in Thessaloniki geboren wurde oder dass die Stadt ein Zentrum des Judentums gewesen sei. Lehrer sehen sich plötzlich mit der Forderung von Eltern konfrontiert, die „Ausländerkinder" sollten getrennt sitzen. Schon eine Anzeige aber bringe für Lehrer unangenehme Folgen mit sich, erzählt Kouzelis. „Panik in der Schule", sagt er – und nicht nur dort: Ein Parlamentarier habe ihm erzählt, er fürchte sich manchmal im Parlament, „weil der Typ daneben eine Waffe trägt".

Ist die Demokratie in Gefahr?

Die ersten sorgenvollen Kommentare über eine Gefährdung der Demokratie erscheinen. Kostas Vaxevanis, der Journalist und Herausgeber der Zeitschrift

„Hot Doc", wurde kurzfristig verhaftet, weil er in seinem Magazin die berüchtigte „Lagarde-List" mit einer Aufstellung von in der Schweiz geparkten Geldern griechischer Steuerflüchtlinge veröffentlicht hatte. Er legt in einem Kommentar vom Juni 2013 dar, dass es für antidemokratische Kräfte grundsätzlich nicht einfach sei, eine funktionierende Demokratie zu zerstören. Aber: „Die Demokratie geht unter, wenn sie sich als unfähig und überflüssig erweist." Genau das aber befürchtet Vaxevanis. Denn die Regierung setze ihre Entscheidungen immer öfter mit Dekreten durch, ohne vom Parlament verabschiedete Gesetze. Vaxevanis vergleicht die Lage mit der Weimarer Republik. Die Regierung Hindenburg habe ebenfalls Gesetze unterzeichnet, die nicht vom Parlament diskutiert und abgesegnet worden waren. Das Parlament sei damit überflüssig geworden. Fazit des Journalisten, der hofft, sich als schlechter Prophet zu erweisen: Heute befinde sich Griechenland in einer ähnlichen Lage. „Die Institution des Parlaments ist lächerlich gemacht worden. Die Demokratie ist entwürdigt und erscheint zunehmend nutzlos und überflüssig. Das Parlament scheint nicht gebraucht zu werden, und die kontinuierliche Berufung auf ‚Gefahren' lässt die autoritäre Regierungsführung immer gerechtfertigter erscheinen."

Dass die Demokratie in ihrem Mutterland derzeit auf wackeligen Beinen steht, meint auch Gerasimos Kouzelis: „Die Leichtigkeit, mit der sich die Regierung keine Gedanken über die Verfassung macht; die Leichtigkeit, mit der die Opposition denkt, das ist egal; die Leichtigkeit, mit der die junge Anarchie sagt: Es ist einerlei, ob das Parlament existiert oder nicht; und natürlich die Leichtigkeit, mit der man sagt: Die Politiker sind alle „klephtes", Papadopoulos und die Junta-Diktatur waren besser ... Inzwischen ist das leider wieder salonfähig geworden: Man darf pro Diktatur und pro Junta sein." Der letzte Junta-General starb übrigens erst im Jänner 2013. Zahlreiche Chrysi-Avgi-Anhänger erwiesen ihm die letzte Ehre.

Werden Europäerinnen und Europäer zusammenfinden?

Advent 2012. Die schöne evangelische Bauhaus-Kirche in Athen hallt von deutschen Liedern wider. „Wir sagen euch an den lieben Advent." Viele deutsche Frauen griechischer Männer kommen hierher, ein Großteil von ihnen lebt seit Jahrzehnten in Griechenland. Nach dem Gottesdienst kommen wir ins Gespräch. Griechenfeindliche Presse in Deutschland, antideutsche Ressentiments im krisengeschüttelten Griechenland: Es ist deutlich fühlbar, wie die Frauen in ihrer doppelten Zugehörigkeit unter den gegenseitigen Zuschreibungen leiden. Die Journalistin Ursula Spindler-Niros ist Mitglied der Gemeinde. „Es tut vielen Griechen weh", sagt sie, „dass man sie generell verdächtigt, Steuern zu hinterziehen oder faul zu sein, dass man mit erhobenem Zeigefinger und unberechtigten Vorwürfen über die Allgemeinheit herfällt – das schmerzt. Man fühlt sich als europäischer Mitbürger, als solcher sollte man Hilfe erwarten oder zumindest Zuspruch. Und Anerkennung für sehr viel Leistung."

Die weiblichen Gemeindemitglieder leben fast alle in, wie Spindler-Niros es nennt, „bikulturellen Familienverbänden". Einerseits sind sie mitbetroffen, weil auch ihre Renten gekürzt wurden. Andererseits empfinden sie mit Ehepartnern, Kindern und Schwiegereltern mit. „Wir sehen", sagt Spindler-Niros, „dass diejenigen, die unter dem finanziellen Druck zu leiden haben, nicht die Schuldigen sind. Das sind nicht die, denen man Steuerflucht und mangelnde Steuermoral vorwirft." Gerade auch Menschen, die ein Leben lang hart gearbeitet haben, sei jede Sicherheit weggebrochen. „Wir fühlen uns beschämt, weil Deutschland sehr viel Unglück über Griechenland gebracht hat", sagt Spindler-Niros. „Das ist knapp 70 Jahre her; die Generation lebt noch. Ich weiß das von meinen Schwiegereltern. Auch deshalb tut das alles sehr weh." Eine andere Dame berichtet: „Wir leben alle in kalten Häusern. Mit einem kleinen elektrischen Öfchen wird vielleicht noch geheizt. Das ist nicht bei einigen so, sondern bei fast allen." Und sie erklärt warum: „Die Renten sind ja generell nicht sehr hoch in Griechenland. Aber jetzt geht es an die Substanz. Jetzt braucht man auch seine Ersparnisse, um Tag für Tag über die Runden zu kommen." Und immer wieder das Thema Wohnungen. Wer konnte, kaufte oder baute Häuser und Wohnungen, als Alterssicherung. „Eine Immobilie zu haben", sagt Ursula Spindler-Niros, „bedeutete: Du hast etwas in der Hand – auch wenn vieles wegbricht. Und gerade diese letzte Sicherheit ist jetzt brüchig geworden." Mehr Verständnis würden sie erwarten im Land ihrer Herkunft, ein „griechenfreundlicheres Bild". „Es ist einfach nicht wahr, dass die Griechen faul sind", sagt eine Frau nachdrücklich, „das Gegenteil stimmt." „Für mich", sagt Spindler-Niros, „ist Griechenland nach wie vor das Land des guten Klimas und der liebevollen Menschen, des Zusammenhalts und der Nachbarschaft." Als ich die Gemeinde einige Monate später wieder besuche, sind sommerbedingt nur wenige Menschen zum Gottesdienst gekommen. Pfarrer René Lammer erzählt mir, dass nicht wenige mittlerweile ihre Zelte in Griechenland abgebrochen haben und nach Deutschland zurückgekehrt sind. Darunter Stützen der Gemeinde.

Nicht nur das Land selbst driftet auseinander. Auch in Europa sind die auseinanderstrebenden Tendenzen stark. Historische Bruchlinien sind schnell ausgemacht. Athen ist von Wien nur zwei Flugstunden entfernt, trotzdem verliefen die Entwicklungen alles andere als parallel. Man muss nicht beim Überfall auf Byzanz beginnen, als westliche Heere während des vierten Kreuzzugs grausame Gemetzel verübten. Griechenland lebte unter osmanischer Besatzung und war von europäischen Entwicklungen wie der französischen Revolution und der Aufklärung abgeschnitten. Der neue griechische Staat geriet rasch unter die Herrschaft eines deutschen Königs. Vor allem aber ist die Erinnerung an die deutsche Besatzung virulent geworden. Es ist vor allem eine Folge der Krise, dass viele Griechen heute wieder an Nazi-Massaker erinnern und Forderungen nach deutschen Reparationszahlungen erheben. Schließlich hat auch die Herrschaft der Generäle Griechenland von Zentraleuropa entkoppelt und die Zeit für Entwicklung und Modernisierung verknappt. „Wir sind eben nicht die Deutschen", sagen viele. „Dieselben Maßnahmen wirken nicht überall gleich. Was für Deutschland gut ist, muss nicht notwendig auch für uns gut sein."

Eine Politik der Vereinigung Europas müsste die europäischen Staaten und Nationen behutsam einander näherbringen und das Vertrauen in die gemeinsame Sache stärken. Aber wenn einerseits munter an dem Bild von den faulen und nicht europareifen Südländern gearbeitet wird und andererseits Europa primär als deutschem Diktat gehorchender Zuchtmeister erfahren wird, stärkt das vor allem Ressentiments und Europaskepsis.

Driftet Europa auseinander? Wächst die Polarisierung im Land? Fällt die Demokratie? Noch ist nicht aller Tage Abend, und die schlimmsten Befürchtungen werden sich – hoffentlich – als viel zu pessimistisch erweisen. Die demokratischen Kräfte sind längst nicht am Ende. Dennoch. Die Musikerin Marina zitiert einen Satz des von ihr verehrten Komponisten Manos Hatzidakis: „Wenn du dem Monster in die Augen blickst und dich nicht fürchtest, bist du ein Teil von ihm."

21. DIE SONNE KRETAS. KOMMEN VON DER INSEL ANDERE TÖNE?

Nach Gesprächen und Gesprächen über Krise, Arbeitslosigkeit und Zukunftsangst muss endlich eine gute Nachricht her. Wo könnte man die sonst suchen als unter der Sonne Kretas, jener Insel, deren Bewohner für ihren Optimismus gerühmt werden? Ein Video der kretischen Fremdenverkehrswerbung von 2012 stimmt auf andere Töne ein. Da sitzt ein Sommergast an einem kretischen Swimmingpool und schaut auf sein Pad. Kopfhörer schirmen ihn von der Umgebung ab. Was er sieht und hört, klingt nicht beruhigend: Demonstrationen, Unruhen, Generalstreik. Kaum aber hebt der Mann den Blick, zeigt sich eine andere Welt: Sonnengebräunte Menschen liegen um den Pool, freundliches Personal bringt Erfrischungen, der Kuss eines Liebespaares nimmt kein Ende. Nach mehreren ähnlichen Episoden – Tristesse am Schirm, sonnenfrohes Inselleben um ihn herum – dämmert es dem Urlauber: Mit der Wirklichkeit, in der er sich befindet, haben die Schlagzeilen nichts zu tun. Wo Krise und Niedergeschlagenheit herrschen sollten, dominieren Freundschaft und Lebensfreude. Das Video endet mit dem Slogan: „Sehen Sie selbst. Fühlen Sie selbst." Ist Kreta von der großen Krise verschont geblieben?

Vielsagend auch der kleine Film, der 2013 zum Einsatz kam: Da pflückt ein Tourist heimlich ein paar Orangen und muss zu seiner Schmach feststellen, dass er vom Besitzer der Plantage dabei beobachtet worden ist. Er muss die Orangen wieder herausrücken, und der Bauer nimmt ihn mit. Allerdings bringt er ihn nicht zur Polizei, sondern lädt ihn in sein Haus zu einem fantastischen kretischen Essen – und schenkt ihm zum Abschied eine ganze Schachtel Orangen. Dieses Loblied auf kretische Gastfreundlichkeit hat einen interessanten Subtext: Wir haben euch immer noch mehr zu geben, als ihr uns stehlen könnt.

Tatsächlich hat Kreta viel zu geben. Nicht nur Meer und Sonne und Hotel anlagen, sondern auch beeindruckende Bergwelten mit Höhlen und Schluchten, entlegene Dörfer, eine exzellente Küche und vieles mehr, das Neugier und Forschergeist anregt. Auf der Insel ist nach der Mythologie der Göttervater Zeus geboren – und auch gestorben. Letzteres, der angebliche Tod eines unsterblichen Gottes, hat den Kretern seinerzeit den Vorwurf eingetragen, sie wären Lügner. Kreta gilt als die Wiege Europas, und das nicht nur, weil Zeus in Stiergestalt eine phönizische Königstochter namens Europa auf die Insel entführte und mit ihr, in seine wahre Gestalt zurückverwandelt, drei Kinder zeugte: Minos, Radamanthys und Sarpedon. Wichtiger noch als die Mythologie ist die Geschichte. Nach dem mythologischen Zeus-Sohn Minos ist die altkretische Kultur der Minoer benannt, die – allein nach den Überresten der riesigen Palastanlage von Knossos und den erhaltenen Kunstwerken aus jener Zeit zu schließen – zu beeindruckender Blüte gelangte. Die Augen der Fremdenführerin leuchten, wenn sie erklärt, dass eine Kopie des Königsthrones von Knossos in Den Haag stehe – Symbol der Kontinuität europäischer Rechtstradition. Das erklärt die „Wiege Europas" eher als die amourösen Verführungskünste des allzu virilen Chefgottes.

Der Athener Flughafen trägt den Namen eines großen Kreters – Eleftherios Venizelos –, jener der kretischen Hauptstadt Heraklion auch: Nikos Kazantzakis. Der Autor des „Alexis Sorbas" und vieler anderer Klassiker der griechischen Literatur war eine literarische Ausnahmeerscheinung, weit gereist und hochgebildet. Einige Zeit lebte er auch in Wien, um Buddhismus zu studieren. Mit der Kirche geriet er in Konflikt; wegen Atheismus wurde er exkommuniziert. Aber der Platz in den Herzen seiner Landsleute – und seiner Leserinnen und Leser weltweit – ist ihm gewiss. Ein kleines privates Museum unweit Heraklion ermöglicht eine Begegnung mit Leben und Werk des großen Schriftstellers.

Er sei seit mehr als zwanzig Jahren nicht in Griechenland gewesen – aber es habe sich hier nichts verändert, erklärt ein österreichischer Journalist nach zweihundert Metern Fahrt mit dem Flughafenbus beim Warten aufs Gepäck in Heraklion. Verwundert frage ich nach. Habe ich mich verhört? Mir scheinen die Dinge so im Fluss, dass ich sie kaum zu fassen kriege. Österreichische Presse ist – unter Führung des griechisch-orthodoxen Metropoliten Arsenios Kardamakis aus Wien – angereist, um sich ein Bild von der Lage zu machen. Einige wissen ganz genau, was Sache ist: Die Griechen seien selbst schuld, also müssten sie alle Anstrengungen unternehmen, um sich der Hilfskredite würdig zu erweisen. Was lässt sich darauf schon sagen. Ein wenig halte ich dagegen: dass die Krise mehr als eine Ursache hat, dass man bitte hinter den Zahlen die Schicksale sehen möge, dass viele Griechinnen und Griechen existentiell bedroht seien, dass Menschen an dieser Krise sterben. Würden sie anders reden, wenn sie wie ich viele Wochen im Land verbracht hätten, um mit Menschen ins Gespräch zu kommen? Ich bin mir nicht sicher. Vielleicht bin ja ich es, der nicht mehr klar sieht, dem Emotionen die Augen verschleiern? Die gute Nachricht lässt nicht lange auf sich warten. Sie kommt im Konferenzsaal einer Hotelanlage an der Nordküste Kretas. Bürgermeister aus der Region, Hoteliers und Touristiker wenden sich mit einer klaren Botschaft an die österreichischen Gäste: Kreta ist schön und interessant. Vergesst die Krise. Kommt und genießt, wir werden euch mit allen Künsten kretischer Gastfreundschaft verwöhnen. Tatsächlich gibt es Grund zur Zuversicht. Die zuletzt massiv eingebrochenen Tourismuszahlen erholen sich. Die Europäer kehren zurück. Auch die Österreicher buchen wieder mehr Kreta-Urlaube.

300 Sonnentage pro Jahr und das damit in großen Mengen produzierte Vitamin D helfen mit, zuversichtlich zu sein, sagt der Hotelier Alexandros Angelopoulos. Kreta sei daher so etwas wie das Land des Optimismus. Angelopoulos verleitet dieser Optimismus zu einem kühnen Satz: „Die Krise war zu Ende, als sie begann." Die eigentliche Krise, meint er, sei die Art und Weise gewesen, wie man in Griechenland vor dem Fast-Bankrott gelebt habe. Man könne eben nicht ständig mehr ausgeben als einnehmen. Außerdem hätten Griechen immer Schwierigkeiten gehabt, ihre Eigenbrötelei zu überwinden und zusammenzuarbeiten. Jetzt aber, so Angelopoulos, zögen zum Beispiel die beiden großen kretischen Städte an der Nordküste und ewigen Konkurrenten Heraklion und Chania an einem Strang. Gemeinsam will man das Tourismusangebot diversifizieren und damit auch die Saison verlängern. Neben den Strandurlaubern sollen vermehrt Wanderer und Radfahrer auf die Insel kommen. Die griechisch-orthodoxe Kirche engagiert sich für den Ausbau des Religionstourismus. Malerisch gelegene Klöster, Ausgrabungen aus frühchristlicher Zeit oder die gut rekonstruierten Wege des Apostels Paulus im Süden des Landes bieten sich an. Auf in die Zukunft. Die Sonne scheint.

Als ich Angelopoulos dann aber nach der offiziellen Begegnung zum Gespräch bitte, erscheinen doch Sorgenfalten auf seiner Stirn. Vom Festland herüber wetterleuchtet die innenpolitische Krise nach der Schließung des

Staatsrundfunks ERT. „Ein schwarzer Tag für Griechenland", kommentiert er. Aber Sorgen bereitet ihm vor allem sein eigenes Geschäft. Zum ersten Mal zahlt der Staat 2013 den im Tourismus als Saisonarbeiter Beschäftigten für die Wintermonate keine Überbrückungshilfe mehr. Längst nicht alle können sich mit Jobs in der Landwirtschaft über Wasser halten, wenn die Hotels schließen. Mit Gehältern von 600 bis 800 Euro ist es aber schwer möglich, genug Geld für die lange arbeitslose Zeit anzusparen. Die Hoteliers versuchten, eine Unterstützung des Staates zu bekommen, um die Beschäftigten länger in den Betrieben halten zu können – ohne Erfolg. „Sie sehen nicht, dass zu den ohnehin hohen Arbeitslosenzahlen im Winter noch einmal 700.000 Menschen dazukommen", sagt Angelopoulos. „Wenn sie tun müssen, was sie tun – o. k., aber mit begleitenden Maßnahmen", fordert der Hotelier. „Und nicht: Tut es – und lasst alle ertrinken." Angelopoulos rechnet mit Protesten im Herbst. Dazu kommen Finanzierungsprobleme. Bisher war es üblich, im Winter anfallende Reparaturen und Instandhaltungsarbeiten, aber auch Gehälter mit Krediten zu finanzieren. Jetzt, in Zeiten der Krise, vergibt keine Bank mehr solche Kredite, die Finanzierung wird knapp. Werden Hotels schließen? „Vielleicht nicht schließen", sagt Angelopoulos, „aber in andere Hände kommen." Poleitai, zu verkaufen – natürlich auch an finanzstarke Ausländer.

Angelopoulos hat das Auto gewechselt und fährt jetzt einen Kleinwagen. Wenn es für alle schwierig wird, meint er, sollten auch die Chefs ein Zeichen setzen. Als ich wenige Wochen später auf eigene Faust durch Kreta unterwegs bin, erzählt mir Jianis von seiner Lage. Er ist seit mehr als zwanzig Jahren Kellner in einer für ihre Küche berühmten Taverne in Plakias an der Südküste. Neben seiner Arbeit betreibt er eine kleine Landwirtschaft – mit Tieren („außer Kühe alles"), Obst und Gemüse. Plakias ist ein Ort, an dem traditionellerweise viele Griechen ihren Urlaub verbringen. Doch die bleiben durch die Krise weitgehend aus. „No money, no honey", lacht Jianis, dessen Fröhlichkeit nicht geheuchelt wirkt, sondern aus dem Naturell kommt. Sind doch griechische Gäste da, dann kochen sie meist selbst in ihren Apartments oder Sommerhäusern. In die Taverne kommen sie auf ein Getränk, oder sie kommen gar nicht. Für Jianis bedeutete eine Zwölfstundenschicht früher auch zwölf Stunden Arbeit: ständig auf den Beinen, ständig vom Gast zur Küche unterwegs und von der Küche zurück zum Gast. Das war natürlich anstrengend, denn Jianis muss jeden Tag um sechs Uhr aufstehen, um nach seinen Tieren zu sehen. Aber es brachte Geld. Er nahm einen Kredit auf und baute für seine Familie ein Haus.

Dann kam die Finanzkatastrophe. „Jetzt", sagt Jianis, „arbeite ich eine Stunde und warte elf." Der Umsatz ist massiv eingebrochen, Jianis verdient weniger Geld. Dazu kommen die massiven Steuererhöhungen, unter denen auch er leidet. 1.500 Euro pro Monat muss er für Steuern, Kredit und Fixkosten aufbringen. Fazit: „Ich arbeite nur mehr für die Bank." Zum Glück braucht die Familie nicht viel Geld zum Einkaufen. Die kleine Landwirtschaft sorgt für die Basisernährung. Jianis will alles daransetzen, nicht jetzt, sechs Jahre bevor der Kredit zurückgezahlt wäre, an Verkauf denken zu müssen. Lieber schränkt er sich ein. Der Urlaub ist sowieso gestrichen. Was eingespart werden kann, wird eingespart. Vielleicht wird sich das alles irgendwie ausgehen.

Vater Michail, der Priester in Heraklion ist, erzählt von seiner Schwester, der man in einem Hotel einen Job um 300 Euro angeboten habe – mit bis zu 16 Stunden Arbeit täglich. Nach einer Probezeit habe sie aufgegeben. Gegen eine Billigkonkurrenz von ausländischen Arbeitskräften, die, so Vater Michail, um 200 Euro sieben Tage in der Woche arbeiten, das Hotel nicht verlassen und immer noch Geld nach Hause schicken, könne niemand antreten, der sein Leben in Griechenland – und folglich mit griechischen Preisen – finanzieren müsse.

Dialog in Zeiten des Monologs

Mit den Journalistenkolleginnen und -kollegen besuche ich kretische Klöster und Kirchen. Es beeindruckt mich, zu sehen, wie still es in vielen Klöstern ist, wie ruhig und langsam sie ihre Liturgien feiern – und wie sehr Mönche und Nonnen trotzdem im Leben stehen. Die Klöster sind nicht nur Zentren der Spiritualität und des Gottesdienstes, sondern auch der Gemeinsamkeit und des Zusammenhalts. Oft leben sie von den Zuwendungen der Menschen in ihrer Umgebung – und helfen auch selbst, wo es nottut. Im Kloster Epanosifi, dem Stammkloster des österreichischen Metropoliten Arsenios Kardamakis, erklärt uns einer der Mönche, was aus der Krise zu lernen sei: Das „falsche Leben", das nur an Konsum und schnellem Geld orientiert sei, müsse aufgegeben werden. Die wahren Werte des Lebens seien anderswo zu finden. Wo gelebtes Leben dahinter spürbar wird, klingen solche Richtungsweisungen keineswegs nach moralischem Krisengewinnlertum. Sie klingen schlicht überzeugend. In der Abenddämmerung sitzen wir mit einigen Mönchen im Klosterhof zusammen. Noch einmal kommt das Thema der reichen Kirche zur Sprache. Epanosifi besitzt Ländereien mit viel Landwirtschaft. „Das brauchen wir auch", sagt der Abt, „denn wir müssen viele Menschen ernähren." Trotz dieses „Reichtums" konnte das Kloster aber kürzlich die Stromrechnung nicht bezahlen.

Kritik an den Sparmaßnahmen der Troika wird in den Tagen des Pressebesuches nur verhalten laut. Der Regionalpräsident von Heraklion meint, Griechenland sei das „Versuchskaninchen", an dem Methoden zur Rettung Europas ausprobiert würden. Metropolit Amphilochios, Bischof von Kissamos und Selinon in Westkreta, dem wir bei einem Besuch in der Orthodoxen Akademie in Kolymbari begegnen, stellt eine wichtige Frage: „Warum nicht früher? Warum hat Europa so spät gehandelt? Und warum setzt es jetzt so radikale Maßnahmen?" Er weiß, wovon er spricht. Auch auf der Sonneninsel Kreta werden Menschen arbeits- und obdachlos, sind auf Nahrungsmittelhilfe angewiesen, bleiben im Krankheitsfall ohne staatliche Hilfe, begehen wegen wirtschaftlicher Ausweglosigkeit Selbstmord. 1.500 warme Mahlzeiten vergibt die griechisch-orthodoxe Kirche der Diözese Kissamos und Selinon täglich – bei 25.000 Einwohnern.

Ich habe die Gelegenheit, mit Alexandros Papaderos zu sprechen. Gemeinsam mit dem legendären Metropoliten Irineos Galanakis hat er die Orthodoxe Akademie von Kreta ins Leben gerufen und über viele Jahre geleitet. Mittlerweile ist er achtzig und schreibt seine Memoiren über die Gründung der Akademie.

Schon die Lage ist atemberaubend. Auf einem Felsen nahe dem Kloster Gonias gelegen, bietet das große Kongressgebäude mit angeschlossenem Gästehaus einen großartigen Blick auf das Meer. Papaderos hatte die Akademie – nach den bitteren Erfahrungen des Krieges – nicht zuletzt als Begegnungs- und Versöhnungsraum für Griechen und Deutsche gedacht. Er nannte sie einen „Ort des Dialogs in Zeiten des Monologs", denn zur Zeit ihrer Gründung 1968 herrschten in Griechenland die Militärs.

Die Akademie brachte Ost und West ins Gespräch, holte führende Wissenschaftler ins Land, förderte in Fragen von Theologie und Ökumene, Wissenschaft und Kultur den Austausch auf nationaler und internationaler Ebene. Von Anfang an aber dachte man nicht nur in großen europa- und weltweiten Maßstäben, sondern hatte auch die Probleme der lokalen Bevölkerung vor Augen. Papaderos erzählt, er sehe in seiner Erinnerung die blutigen und zerschnittenen Hände seiner Mutter in der Zeit der Olivenernte vor sich. Also gründete die Akademie ein landwirtschaftliches Forschungszentrum, das Alternativen bei Bäumen und Erntemethoden entwickelte und damit die Verletzungsgefahr minimierte. Solche Initiativen haben die Akzeptanz der Akademie bei den Einheimischen sehr gefördert.

Lokal und weltweit, das gehörte für Papaderos von Anfang an zusammen. 1990 hat die Akademie ein Projekt gestartet, das sich über 30 Jahre erstreckt. Von Schulkindern bis zu Expertinnen und Experten aller Sparten sollten Menschen auf drei Fragen antworten: „Wie möchte ich, dass Kreta in Zukunft aussieht, wie möchte ich nicht, dass es aussieht – und was kann ich dafür tun, dass es so aussehen wird, wie ich es möchte?" 2020 läuft das Projekt aus; es hat ungezählte Diskussionen über die Zukunft gestiftet – und in vielen Menschen die Überzeugung wachsen lassen, dass es auch auf sie selbst ankommt. Ob jetzt wieder eine „Zeit des Monologs" kommen könnte, frage ich Herrn Papaderos. Er denkt ein wenig nach und beantwortet dann die Frage nicht. Aber er weicht auf interessante Weise aus: „Vielleicht waren wir auch in den Zeiten des Dialogs noch viel zu monologisch?"

Derzeit wird, wie die Leiterin der Akademie, Emanuela Larentzakis, berichtet, ein Kunstprojekt fortgesetzt, das schon 1983 begann. Künstlerinnen und Künstler werden eingeladen, sich mit einem Text aus der Zeit der Kirchenväter auseinanderzusetzen. Dort spricht ein Totenkopf mit dem heiligen Makarios und erzählt ihm, was das Schlimmste an der Hölle sei: Die Menschen seien Rücken an Rücken gefesselt und könnten einander nicht ins Gesicht sehen.

Tiefe Wurzeln, weiter Horizont, die Verbindung von lokaler und weltweiter Verantwortung, Ideenreichtum, Dialog, Gemeinsamkeit und langer Atem: Das sind Impulse für eine langfristige Gesundung – auch wenn sie keinen kurzfristigen Ausweg aus der Krise weisen.

Auf der alten venezianischen Stadtmauer, dort, von wo der Berg Jouchtas im Süden Heraklions wirklich aussieht wie der Kopf des toten Zeus, liegt Nikos Kazantzakis begraben. „Ich glaube nicht, dass er ein Atheist war", sagt Metropolit Arsenios Kardamakis auf eine Journalistenfrage. „Es wäre im Gegenteil höchste Zeit, eine Dissertation über seine Theologie in Auftrag zu geben." Immerhin habe Kazantzakis trotz Exkommunikation ein kirchliches Begräbnis erhalten. Auf seinem Grab über der Stadt, in ruhiger, eindrucksvoller Lage, steht ein Spruch, den sich in Zeiten der Krise viele Griechinnen und Griechen in Erinnerung rufen:

„Ich fürchte nichts. Ich hoffe nichts. Ich bin frei."

22. OSTERN AUF DEM LANDE ODER: DAS DORF ALS RETTUNG?

Für Lämmer ist Ostern eine harte Zeit. In den Fleischhauereien hängen sie, grotesk entkleidet, rot verfärbt und mit blutunterlaufenem Blick an den Haken. Neun Euro pro Kilo wandern über den Ladentisch, die neuen Besitzer erhalten ihre toten Tiere in großen Nylonsäcken ausgehändigt. Nur noch kurze Zeit, dann werden sich die Tiere in den Gärten mehrere Stunden lang über dem Grillfeuer drehen, bevor sie, kundig zerlegt, den Familien nicht nur am Ostersonntag, sondern auch in den Tagen danach als sehr spezielle Speise dienen.

Trotz zunehmender Religions- und Kirchenskepsis vor allem unter den jüngeren Griechinnen und Griechen bringt „Pascha" oder „Anastasis" immer noch die Massen auf die Beine. Bei dem Fest spielen kirchliche Feier und Familienrituale gekonnt ineinander. Auch viele, die sich sonst am kirchlichen Leben nicht beteiligen, sind wenigstens ein paar Minuten dabei. Die langen Gebete und Gesänge der alten Liturgie überlässt man den älteren und den sehr überzeugten Gläubigen. Es genügt ohne weiteres, zum jeweiligen Höhepunkt zu erscheinen und sich bald danach weiteren Vergnügungen im Freundes- oder Familienkreis zu widmen. Am Karfreitag lassen es sich viele nicht nehmen, den „Epitaphios", ein kunstvoll geschmücktes Ensemble von Lektionar und Grabesikone, das das Grabtuch Christi symbolisiert, zu küssen und dann zum Kreuz weiterzuschreiten. Kinder gehen vielleicht auch unter dem Epitaphios durch – ein Symbol für Untergang und Auferstehung, von dem es heißt, es bringe besonderen Segen. Mit Kerzen und – im Falle einer großen Athener Pfarre – eigens angerückter Blasmusik ziehen die mehr und die weniger Gläubigen hinter der Geistlichkeit und dem Epitaphios her durch das Wohnviertel. Verkäufer von Luftballons mit lustigen Figuren, die mit Karfreitag und Ostern gar nichts zu tun haben, verkaufen ihre Ware tatsächlich.

Offensichtlich gelten manche Eltern damit das Wohlverhalten ihrer Kinder ab. Wie an den sich in alle Richtungen zerstreuenden Lichtern deutlich sichtbar ist, verlieren sich die meisten allerdings schon bald nach Hause oder in die umliegenden Bars und Lokale. Sich gleich nach der Karfreitagsfeier einen Osterkater anzutrinken, gilt als durchaus nicht abwegig.

Die Osternacht – erlebt auf der Insel Evia – verläuft ähnlich. Schlag Mitternacht kommen viele zur Kirche, die am Verlauf der Liturgie bis zu diesem Zeitpunkt keinerlei Interesse verspürten. Sie haben wieder Kerzen mit und sind sehr fein gekleidet. Vor der Kirche verkündet der Priester die Auferstehung, das Osterlicht wird verteilt. Einige Eifrige untermalen das Ereignis mit Krachern, sodass es sich anhört wie anderswo ein Silvesterabend. Zum Höhepunkt schmückt sich der Kirchturm mit einem Feuerwerk. Die Gläubigen küssen einander, fallen den Nahe- und den Danebenstehenden um den Hals und verkünden einander den Osterglauben: „Christos anesti", Christus ist auferstanden heißt das, und die Antwort lautet: „Alithos anesti", in Wahrheit auferstanden.

Einige aber antworten anders: „Alithos o Kyrios", in Wahrheit der Herr. Wie heißt es nun wirklich? Ein kleiner Disput im Freundeskreis entsteht. Niemand hat die Information darüber anderswo her als aus der Tradition seiner oder ihrer Familie. Eine Internetrecherche ergibt ein interessantes Detail: „Alithos o Kyrios" entspricht einer Tradition, die aus dem Ökumenischen Patriarchat in Konstantinopel stammt, während der griechische Usus das darum auch weit häufiger gebrauchte „Alithos anesti" vorsieht. Das Osterlicht nimmt man mit nach Hause. Die Hausherrin malt mit dem Ruß der Kerze ein Kreuz auf den Türsturz. Zu ihrer Überraschung stellt sich allerdings heraus, dass auch dies weniger einem allgemeinen Brauch entspricht, als sie dachte.

Das Ostermotiv ist nicht für Beter reserviert. Aufbruch und Neubeginn, das verstehen auch Agnostiker. In Krisenzeiten liegen säkulare Interpretationen so nahe, dass der Priester bei der Osterfeier ausdrücklich darauf hinweist, es sei zu wenig, nur auf die Auferstehung der Wirtschaft zu hoffen.

Ostern, das ist für viele Städter eine Gelegenheit, einige Tage an ihrem Zweitwohnsitz zu verbringen. Viele, sehr viele Athenerinnen und Athener haben ein Dorf und eine Bleibe, der sie sich innig verbunden fühlen. Darin spiegelt sich das rasche Wachstum Athens, das in relativ kurzer Zeit zu einer gigantischen Metropole angeschwollen ist. Die allermeisten Zuzügler haben ihre dörflichen Wurzeln bewahrt.

Dabei muss das Sommerhaus keineswegs großartig sein. Vielleicht ist nach längerer Abwesenheit Dornengestrüpp über die Eingänge gewachsen. Vielleicht liegt eine tote Fledermaus im Vorzimmer und ihr Kot ist im Haus verteilt, das Wasser aus dem Boiler stinkt nach Schwefel, die Fenster sind blind von Spinnweben, Marschkolonnen von Ameisen ziehen über den Flur. Das Gras im Garten steht höher als die Mauer, und um die Feuchtigkeit aus den Kellerräumen zu bringen, müssen Ventilator und Heizstrahler angeworfen werden. Vielleicht liegt das Haus näher an der stark befahrenen Straße als am Meer, und der Gang zum nahen Lebensmittelgeschäft mit Basisversorgung, das sich recht selbstbewusst „Supermarket" nennt, erfordert einen Marsch am Straßenrand, mit wachsamem Blick auf zügig entgegenkommende Kolonnen. Vielleicht ist das nur ein paar Minuten entfernte Meeresufer an dieser Stelle kein Traumstrand. Vielleicht ist es also auch kein Traumhaus, in das sich Touristen einmieten würden. Aber: Es ist vorhanden. Es gehört der Familie und es gehört dazu. Es bringt Verwandte und Freunde zusammen. Es ist angefüllt mit Kindheitserinnerungen – und folglich unverzichtbar.

Wer kein Haus außerhalb der Stadt, keine Dorf- zusätzlich zur Stadtexistenz hat, der sei in der Krise besonders arm dran, erzählen mir Freunde, mit denen ich Ostern auf Evia verbringe. Den Kurzurlaub in Hotel und Pension können sich viele nicht mehr leisten. Im Sommerhaus aber lässt es sich günstig leben. Dort lässt man Großstadtstress und Krisenalltag hinter sich. Und auch wenn bei der Ankunft eine Verständigung der Stromgesellschaft an der Einfahrt klebt, mit der dringenden Bitte um Rückruf, wenn sich also teure Energie, Grund- und Immobiliensteuer auch im Feriendomizil bemerkbar machen: Hier ist etwas intakt geblieben, unzerstört, tröstend als ständige Alternative.

Der Neubeginn auf dem Land ist keine leichte Sache

Ist das Dorf vielleicht mehr als ein Zweitwohnsitz, mehr als ein Ferien- und Wochenenddomizil? Ist es nicht ganz generell eine Alternative zum schwierig gewordenen Leben in der Stadt? In vielen Medienberichten tauchen sie auf, die Aussteigerinnen und Aussteiger, die der Stadt und der Krise den Rücken kehren und sich im Dorf und auf der Insel eine neue Existenz aufbauen, indem sie zum Beispiel ihr eigenes Gemüse pflanzen, ihr eigenes Obst ernten.

Solche Geschichten erfreuen sich in der Regel freundlicher Zustimmung. Sie machen zuversichtlich. Ist nicht der „Wasserkopf Athen" ohnehin zu groß? Jedes Mal, wenn Alexandros Angelopoulos von Athen nach Kreta kommt, beschließt er, hier für immer leben zu wollen – bis er aus beruflichen Gründen wieder zurück muss. „Ist es nicht der natürliche Lebensstil der Griechen", fragt er, „Sonne und Natur der Inseln und der Dörfer zu genießen, anstatt in der teuren Großstadt zu leben?"

Landbewohner schwören auf ihre Existenz. Auch wenn das Geld knapp wird: Hier verhungert niemand, denn das Essen wächst im Garten, auf den Feldern und auf den Bäumen, es zieht blökend oder gackernd über Weiden und Wiesen. Eier, Käse, Fleisch, Oliven. Das alles muss nicht geliefert und gekauft werden. Es ist schon da.

Hoch über Plakias, im Dorf Mirthios auf Kreta, hat Jiorgios seine Taverne mit dem großartigen Ausblick. Er schwört auf das Leben in seinem Dorf und möchte mit keinem Städter tauschen. Die Pension seiner Mutter, erzählt er, wurde zuletzt von 370 auf 200 Euro gekürzt. Das tut natürlich weh, aber überleben wird sie trotzdem – mit dem, was sie selbst im Garten hat, und dem, was ihr die Kinder bringen. In der Stadt wäre das schlicht unmöglich.

Der Rückzug aus der Stadt ist kein neues Phänomen und setzt keine Krise voraus. Ausstiegsfantasien haben oft mit dem Leben in der Natur oder am Wasser zu tun. In Krisenzeiten liegt dieser Schritt näher als sonst. Aber kann das Dorf wirklich allen zur Rettung werden, deren Leben in der Stadt unerschwinglich geworden ist?

In Rethymno macht Andreas Ferien, ein Anthropologe, der sich in einer kritischen Zeitschrift mit dem Phänomen der Stadtflucht auseinandergesetzt hat. Wer eine Möglichkeit hat, auf dem Land – etwa in einem Familienbetrieb – Arbeit zu finden, wird sie derzeit vermutlich eher nützen als früher. Andreas sieht darin aber keineswegs den großen Trend, der eine Antwort auf die Krise sein könnte. Denn es sei keineswegs einfach, sich auf dem Land eine wirtschaftliche Basis zu schaffen. Er vermutet hinter dem Medienhype über die griechischen Neo-Bauern eher eine Verharmlosung des Problems. Und eine nicht unproblematische Idealisierung des allzeit autarken und auf sich selbst gestellten Individuums, das allen Problemen der Gemeinschaft erfolgreich trotzt. Wem in der Stadt seine wirtschaftliche Basis abhanden kommt, der zieht einfach aufs Land und baut Tomaten und Salat an? Von wegen. „Das ist keine leichte Angelegenheit", sagt die Chefin eines kleinen Tourismusbetriebes, die gerade eine von zwei Mitarbeiterinnen kündigen musste, weil ihr die Pension um 35 Prozent gekürzt worden ist und sie sich deshalb entschließen musste, selbst wieder mehr Hand anzulegen. "This is not an easy thing."

Jiorgos, der Tavernenwirt, weiß nichts von Städtern, die jetzt in großer Zahl aufs Land zurückkommen würden. Er würde sich darüber freuen, er würde sie gerne einladen, sagt er. Das Landleben sei doch viel besser als in der Stadt, wo alles so teuer ist. Aber in seinem Dorf leben nur mehr ungefähr dreißig Griechen – gegenüber siebzig Albanern. Die seien zwar sehr verlässliche Arbeitskräfte, aber sonst habe man kaum Kontakt zu ihnen. „Die schließen sich ab", sagt Jiorgos. Natürlich haben die vielen neuen, in der Stadt ausgeheckten Steuern das Leben auf dem Land erheblich beeinträchtigt. Viele sind wütend darüber. „Die werden beim nächsten Mal die ‚Goldene Morgenröte' wählen", sagt Giorgos. „Ich höre ja, wie sie im Kafenion darüber reden."

Kritsa ist ein wunderschönes altes Dorf in Ostkreta. Hier wurde die „Griechische Passion" verfilmt, mit der großen Melina Merkouri in der Hauptrolle. In einem kleinen Lokal im Dorfzentrum kann man Fotos aus dem Film bewundern. Der Roman, der dem Film als Grundlage diente, wurde übrigens mit zum Anlass für die Exkommunikation seines Autors, Nikos Kazantzakis. Hier in Kritsa treffe ich einen Mann, der schon vor mehreren Jahren aufs Land zurückgekehrt ist. Früher war er Kfz-Mechaniker in Belgien. Jetzt steht er am Fließband einer Olivenöl-Fabrik und überprüft mit Kennerblick die Flaschen auf etwaige Schäden. Die Geschäfte der Kooperative gehen gut; in Europa ist die Nachfrage nach dem qualitativ hochwertigen Olivenöl groß. Jianis hat denn auch bisher trotz Krise keine Gehaltseinbußen hinnehmen müssen. Er verdient weiterhin sechs Euro pro Stunde. Eine weitere Einnahmequelle sind seine Olivenbäume, die er mit Hingabe pflegt. Außerdem erntet er Obst, baut Kartoffeln, Tomaten und allerlei Gemüse an. Zudem arbeitet er noch in der Buchhaltung einer anderen Firma. Alles zusammen ermöglicht ihm, mit seiner sechsköpfigen Familie über die Runden zu kommen.

Die Krise stellt das nun aber auch bei ihm ernsthaft in Frage. Denn nun zahlt Jianis für alles und jedes Steuern: für seinen Grund, für seine Olivenbäume, für sein Haus, für seine Kinder.

Jianis ist einer von denen, die das Lachen vermutlich zuallerletzt verlernen würden. Er erzählt, dass eine seiner Töchter ab Herbst eine Privatschule besuchen will. Die Schulgebühr beträgt 1.000 Euro pro Jahr, das ist ein Monatsgehalt. „Vielleicht zahle ich nur die Hälfte, wenn ich die Hausübungen selbst mache?", feixt er. Die Finanzen sind durch die Krise sehr angespannt. Jianis hat mir extra eine Stromrechnung mitgebracht – interessanterweise die für das Haus seiner Mutter, das derzeit gänzlich leer steht. Darum sind die Stromkosten für zwei Monate auch äußerst gering: 5,30 Euro. Aber dann kommen die Steuern und Abgaben dazu, und plötzlich steht da: 176 Euro – na gut, inklusive der 86 Euro, die er zuletzt nicht bezahlen konnte, räumt er ein. Aber das sind eben auch nur die Kosten für ein leer stehendes, derzeit nicht genutztes Haus.

Die Hiobsbotschaft kommt freilich erst: Jianis wird diesmal keine Oliven ernten. Nicht: wenige, nicht: kleine, sondern: keine. An für die Entwicklung der Blüten entscheidenden Tagen im Winter brachte der Südwind zu viel Wärme ins Land. Der Ernteausfall ist total.

Damit fällt eine wichtige Erwerbsquelle weg – und nicht nur das, denn wie Jianis geht es natürlich auch allen anderen Olivenproduzenten der Umgebung. Sie werden nichts ernten – und damit wird auch die Olivenöl-Kooperative, bei der Jianis den Großteil seines Geldes verdient, im kommenden Jahr nichts produzieren können. „Vielleicht wird sie für vierzehn Tage aufsperren, aber nicht länger", sagt er. „Wie wirst du das schaffen?", frage ich. Jianis lacht wie immer. „Wir haben ja noch die Kartoffeln", sagt er.

Spätestens nach dem Gespräch mit ihm ist mir klar, dass Stadtflucht und Neubeginn auf dem Land für die, die es wagen, eine große Herausforderung darstellen, dass man nicht nur in der Stadt, sondern auch auf dem Land scheitern kann. Naturverbundenheit und Freude am eigenen Garten ist das eine, die Bewältigung und Finanzierung des täglichen Lebens etwas anderes. Was wäre Griechenland ohne seine Inseln und Dörfer? Ein attischer Großstadt-Alptraum. Das Dorf ist für viele Stadtbewohnerinnen und -bewohner lebens- und überlebensnotwendig. Es mag auch Einzelne aus der Krise retten. Aber die große Lösung ist es nicht.

23. ATTIKA. ÄGINA. KRETA. IKARIA. UND DER LANGE WEG NACH ITHAKA

Auf Ikaria sind die Autos alt. Mein Taxi war früher einmal ein stolzer Mercedes. Jetzt kann von Stolz keine Rede mehr sein, aber es zieht immer noch sicher über die Bergstraßen. Auf Ikaria sind nämlich alle Straßen Bergstraßen. Vom Rückspiegel – dort, wo manchmal kleine Amulette und Andachtsgegenstände hängen – baumeln zwei große weiße Würfel. Ein Statement für Schicksal und Zufall?

Sieben Stunden lang hat sich die schwere Fähre von Piräus über Siphos und Mykonos durch die Wellen gekämpft. Vom Wind zerzaust und salzig vom Meerwasser, verstehe ich jetzt, warum eine Fahrt an Deck wirklich billig ist. Kaum von Bord, werde ich von Düften eingehüllt. Die Insel trägt, wie ich später nachlese, ein zartes Parfum von Heidekraut, Thymian, Steineiche und Ginster. Von meiner Pension, die direkt an der Südküste liegt (am Ende des Dorfes, wo das Meer die Straße und aufgeschüttete Betonfelsen den Blick versperren, führt der Weg durch einen Torbogen in die Höfe zweier Tavernen und eines Cafés, an einem verfallenden Hotel vorbei, durch eine privat wirkende Tür, haarscharf am Esstisch einer älteren Dame vorbei über Treppen nach oben, dann wieder ins Freie, weiter den Felsen hinauf, in einen nahezu paradiesischen Garten), schaue ich hinüber nach Samos, Fourni und Patmos.

Hier begegne ich noch einmal Mikis Theodorakis' Spuren. Er hat diesen Blick auch genossen. Aber er war unter anderen Vorzeichen hier: als Gefangener im Bürgerkrieg – und zwar gleich zweimal. Beim ersten Mal, erzählt er, konnten sie sich frei bewegen. Oft ging er den schweißtreibenden Weg von Agios Kirikos hinauf auf den Berg Atheras und weiter nach Oxies. Obwohl ein Gefangener und Verbannter, genoss er die Schönheit der Insel – und die Gastfreundlichkeit der Ikarioten. Es ist ein Treppenwitz der Geschichte, dass Ikaria bis heute als „rote Insel" gilt, mit kommunistischen Bürgermeistern. Das Gedankengut der Gefangenen hat Schule gemacht. In den Sechzigerjahren absolvierten mehr als neunzig Prozent der jungen Ikariotinnen und Ikarioten ein Studium, erzählt mir eine Inselbewohnerin. – Eine Folge des Einflusses, den die vielen Intellektuellen unter den Verbannten ausübten. Auf Ikaria begegnete Theodorakis auch der Volksmusik, was gewaltigen Einfluss auf sein späteres Schaffen haben sollte.

Der zweite Aufenthalt des Gefangenen Theodorakis auf der Insel war weniger schön. Schon die Überfahrt war mühsam. Sie lagen, je zwei aneinandergefesselt, auf Deck und fürchteten, im Wasser, das über die Reling schwappte, zu ertrinken. Auf der Insel durften sie ihre Häuser nur verlassen, um den Aufsehern Bericht zu erstatten. Dafür gingen sie ein paar Hundert Meter von Dafni hinüber nach Akamatra. Später fand Theodorakis in der Nähe von Akamatra ein Haus und verbrachte dort die letzten Monate. Von Ikaria ging es weiter in die Marterhölle von Makronisos. Trotzdem: So wie Mikis Theodorakis die Kunst nie verließ, blieb er auch immer empfänglich für die Reize der Natur und des Meeres – seiner, wie er sagt, zweiten großen Liebe nach der Musik.

Theodorakis hat Krieg, Verbannung und Folter überlebt und kehrte eines Tages zurück nach Ikaria – singend und dirigierend. Über diese Wiederbegegnung schreibt er in einem Bildband: „Diesmal konnte ich die Insel mit neuen Augen sehen. Die Angst von damals existierte nicht mehr. Der Schrecken jener Zeit war verschwunden. Ich sah Ikaria noch hundertmal schöner. ,Mein Gott', sagte ich, ,wie schön es ist'."

Auf der Landkarte hat Ikaria die Form eines im Wasser schwimmenden Flügels. Das ist passend, denn sie hat ihren Namen von einem mythologischen Flugunfall. Nahe der Insel soll Ikaros ins Meer gefallen sein, sein Vater Daidalos begrub ihn auf dem Eiland. Ein Denkmal im Hafen von Agios Kirikos erinnert an die Geschichte, die nie geschehen ist und immer geschieht. Der Flug hatte auf Kreta begonnen. Mit den von Daidalos konstruierten Flügeln stiegen Vater und Sohn auf und entkamen so aus dem Labyrinth, in dem sie König Minos festgehalten hatte – zur Strafe dafür, dass Daidalos dem Helden Theseus den entscheidenden Hinweis gegeben hatte, wie er (Stichwort Ariadnefaden) den Weg aus dem Labyrinth finden könnte, nachdem er den Minotaurus getötet hatte.

Natürlich ist man auch angesichts des griechischen Sonnensturzes geneigt zu sagen: Man sollte eben nicht zu hoch fliegen – vor allem dann nicht, wenn die Flügel nur angeklebt sind. Aber das wäre eine Warnung, die längst nicht nur griechische Ohren etwas angeht. Überhaupt ist es ja merkwürdig, dass von der Ikaros-Geschichte immer nur die Moral übrig bleibt: Wer zu hoch steigt, stürzt und fällt. Dabei tritt völlig in den Hintergrund, dass das ganze Unternehmen nur durch großes Können und unvergleichliche Kühnheit möglich wurde. Man darf sich schon an neue Ideen wagen, liebes Europa. Man darf schon wagen, sich in die Lüfte zu erheben. Sonst gibt es bisweilen keinen Ausweg aus dem Labyrinth.

Ob es einen solchen überhaupt geben kann? Auf dem Athener Flughafen hängen Plakate einer großen Whiskeymarke. „Keep walking Greece" steht darauf. Weitergehen, das ist die einzige Chance. Die Lösung liegt vorne, nicht in der Vergangenheit. Alle meine Gesprächspartnerinnen und Gesprächspartner sind sich bewusst, dass es „so" nicht weitergehen konnte, dass der griechische Staat an vielen Unzulänglichkeiten krankt. Die Lösung liegt nicht in der Rückkehr vor die Krise, zu – zum Beispiel – sorgenfreier Schuldenpolitik. Aber sie liegt auch nicht in der Rückkehr zur Armut – und schon gar nicht in der Rückkehr zum Autoritarismus der Junta-Zeit. Die Lösung, wenn es sie gibt, liegt vorne. Sie braucht Kreativität und Mut zu neuem Denken. Daidalos ist gefragt, mit neuen Vorschlägen zum Flug aus dem Labyrinth. Gäbe es einen Daidalos-Preis, ich würde ihn den vielen sozialen Gruppierungen und Initiativen im Land verleihen, die Ideen verwirklichen und Wege finden, Ariadnefäden gegen die Ausweglosigkeit.

Patmos glänzt im Dunst. Auf dieser Insel ist vermutlich das Buch der Apokalypse entstanden, der schwierigste und dunkelste Text des Neuen Testaments. Ausweglosigkeit? Endzeitstimmung? Die Finanzkrise ist jedenfalls nicht das einzige Problem, das zur großen Herausforderung geworden ist. In Kretas Bergen muss ein großer Stausee errichtet werden, damit unten an der Küste das Trinkwasser nicht ausgeht. Ein ganzes Dorf wird umgesiedelt. Die Klimaerwärmung wartet nicht, bis die Finanzkrise vorüber ist. Ariadne hat alle Hände voll zu tun.

Eleni erzählt mir ihre – sehr griechische – Geschichte. Ihr Großvater war Fischer auf der Insel und lebte mit seiner Familie in ärmlichen Verhältnissen. Seine Tochter, Elenis Mutter, flüchtete vor dieser Armut und ging nach Amerika, wo sie heiratete. Eleni wuchs in Chicago auf und genoss es sehr – bis eine arrangierte Ehe über sie hereinbrach. Sie war gerade fünfzehn geworden.

Als sie ihr Mann verließ, hatte sie zwei Kinder; mit denen zog sie zurück, in die Heimat ihrer Mutter. „Als Alleinerziehende kann man in Chicago nicht leben", stellt sie fest. Mittlerweile ist sie – junge – Großmutter und sagt: „Wahrscheinlich werde ich hier alt." Vielleicht wird sie hier sogar sehr alt, denn die Ikarioten sind für ihre Langlebigkeit berühmt.

Zu Unmöglichem kann man nicht verpflichtet werden

Eine lange Fahrt liegt hinter mir. Immer wieder und manchmal viele Tage und Wochen hindurch war ich in Athen, dazu auch in Thessaloniki, auf Ägina und Kreta. Und jetzt eben auf Ikaria. Ich habe dutzende Gespräche geführt, dutzende Menschen besucht, viel erlebt und viel gesehen. Es reicht dennoch nur zu einem kleinen, ersten, subjektiven Einblick. Und zu einer Vermutung, die sich von Tag zu Tag verfestigt hat: dass in Griechenland etwas ganz bitter falsch läuft. Die Arbeitslosigkeit hat die Menschen eisern im Griff – die Arbeitslosigkeit oder die Angst vor ihr. Die Einkommen sinken, die Steuern steigen, die Wirtschaft liegt danieder. Und so sollen die Schulden abgebaut werden? Warum ändert sich diese Politik nicht, frage ich mich mit vielen Griechinnen und Griechen – obwohl führende Protagonisten zugegeben haben, dass sie ihre Folgen unterschätzt haben? Yanis Varoufakis vergleicht in einem bitteren Kommentar die Auflagen der Troika mit einer Hausgemeinschaft, die einem Bewohner befiehlt, bis zu einer bestimmten Frist hundert Meter unter zehn Sekunden zu laufen – und ihn, um seinen Trainingserfolg zu unterstützen, täglich ein wenig verprügelt. Als sich herausstellt, dass das eine unmögliche Forderung ist, wird – die Frist verlängert. „Ultra posse nemo tenetur", zu Unmöglichem kann niemand verpflichtet werden, heißt ein alter lateinischer Grundsatz. Im Fall Griechenlands wird er, wie mir scheint, ständig gebrochen. Menschen werden verpflichtet, mehr Steuern zu zahlen, als sie können. Und der Staat wird verpflichtet, Schulden abzubauen – mit einer Methode, die genau das unmöglich macht.
Am Beispiel Griechenlands finden diejenigen, die es für kontraproduktiv halten, eine derartige Krise mit eisernem Sparen überwinden zu wollen, Argumente und Anschauungsmaterial. Aber auch wer die Sparpolitik für alternativlos hält, muss sich doch fragen, *wie* gespart wird. Mein Eindruck ist, dass hier fantasielos und eindimensional vorgegangen wird – mit wenig Rücksicht

auf die am härtesten Getroffenen. Gewerkschaftschef Jannis Panagopoulos sagte in einem Interview mit der deutschen Wochenzeitung „Die Zeit": „Das Problem ist: Die Troika-Technokraten kennen sich zwar damit aus, wie man Löhne, Gehälter und Renten kürzt. Sie haben aber keine Ahnung davon, wie man Preise zum Fallen bringt. Die Lebenshaltungskosten sind weiterhin hoch, Griechenland ist ein teures Land."

Hunderttausende rutschen in Armut und Verzweiflung, das Gesundheitssystem kollabiert, Obdachlosigkeit und Selbstmordrate steigen, und auch bei denen, die noch Arbeit und Einkommen haben, wachsen Zukunftsängste und Depressionen. Ist das alles unvermeidlich? Ich vermute dahinter eher Denkblockaden und ideologische Motive. Sollte Griechenland nach dem wirtschaftlichen auch in ein politisches Desaster rutschen: Wer übernähme dafür die Verantwortung?

Es müsste doch etwas wie ein politisches Tabu geben, mit Sparmaßnahmen Menschen in die Armut zu treiben, sage ich händeringend im Gespräch mit meinem Freund, dem Ex-Banker. Wenigstens die Schwächsten, die Ärmsten, die Kranken müssten doch geschützt werden. „Woher soll denn das Geld kommen?", fragt er achselzuckend. Wenig später lese ich, welche Gehälter und Boni Banker in vielen der von den Staaten geretteten Banken jetzt wieder kassieren, und verstehe ganz einfach die Welt nicht.

Die Sonne scheint auf Ikaria. Ich schaue auf die Menschen, die unten im Dorf am Strand liegen. Das Meer rauscht, der Lärm der Zikaden stört die Stille nicht. Zum ersten Mal seit langem schweigt die Krise – wenigstens für ein paar Minuten. Das Inselgefühl ist zurück. Eine Hängematte bietet sich mir an. Ich widerstehe nicht. Was eigentlich hat diese wunderbare Erfindung in den schlechten Metaphern der Politik verloren.

Vielleicht, denke ich vor dem Glitzern des Meeres, geht die Krise weg, wenn nur lange genug die Sonne auf sie scheint? Das ist natürlich Unsinn, aber etwas hat er für sich.

Auch die Insel fühlt die Krämpfe der Hauptstadt. Eine ältere Frau sagt mir, sie sei immer optimistisch gewesen, das sei hier gar nicht anders möglich. Viermal sei sie gestern im Meer schwimmen gewesen, und jedes Mal fühle sie sich hinterher wie neu geboren. Aber das jetzt, diese Krise? „Wo wird das hinführen? Wird das jemals wieder besser?" Sie schaut mich an. „Was meinen Sie?"

Ikaria ist eigentlich ein bis zur Hüfte ins Wasser gerutschter Berg. Die felsigen, Sonnenschirme abweisenden Küsten locken erstens wenige und zweitens ein wenig andere Touristen ins Land. Es gibt nur wenige Sandstrände. Wer in der Sonne braten will, findet seine Grillroste anderswo. Die Einheimischen gestatten sich, gemeinsam mit griechischen Urlaubern, auch im Sommer und auch in den Strandtavernen in der Mehrheit zu sein. Gepriesen wird der Sinn der Ikarioten für Gemeinschaft und Zusammenhalt: Zu Zeiten der osmanischen Besatzung, wird berichtet, stießen Inselbewohner einen verhassten Steuereintreiber über die Klippe. Als sie gefragt wurden, wer den Mord begangen habe, war ihre Antwort: „Alle von uns" („Oloi mas afenti").

Ich sitze in der Taverne und sehe ihnen beim Reden zu. Ältere Damen aus dem Dorf mit schwarzen Kleidern und tadellos sitzenden silbrigen Frisuren sind da. Alte Männer mit charaktervollen Zügen. Junge Menschen, Paare mit Kindern. Die wenigen Touristen verlieren sich zwischen ihnen.

Natürlich wüsste ich gerne, was sie diskutieren. Von einem Männertisch höre und verstehe ich mehrfach das Wort „Amerikanos" oder so ähnlich – und meine zu wissen, worum es geht. Die Abendnachrichten sind voll mit Bildern des Premierministers, der Präsident Obama einen Besuch abstattet. Aber ansonsten kann ich nur raten, was sie reden. Manchmal ist es auch eine Erleichterung, die Sprache nicht zu sprechen, nicht zu verstehen, was sie bedrückt und worüber sie klagen. Vielleicht ist es auch am Ende doch nur ihre, eine griechische Krise? Vielleicht sollen die Griechinnen und Griechen selbst auslöffeln, was ihnen wer auch immer eingebrockt hat – und ich entziehe mich dem Geschehen durch Abreise?

Aber so einfach ist es nicht. Überschuldung, Kreditklemme, Konsumkrise. Dazu die Herausforderungen von morgen: Überalterung und Klimawandel. Wir stehen alle am selben Wasser, nur dass es den einen kaum bis zu den Knöcheln reicht, während es anderen bis zum Hals steht. Wir leiden gemeinsam an den Strömen des Geldes und des Kapitals, das über den Kontinent schwappt, da eine Blase bildet, dort Menschen in die Armut reißt.

Europa wird Europäerinnen und Europäer brauchen – Menschen, die sich nicht von nationaler Demagogie blenden lassen. Menschen, die Ideen haben, wie man den Problemen von morgen gemeinsam zu Leibe rückt, die über Grenzen hinweg zusammenwachsen wollen. Menschen also, die verstehen, dass der Bürgerkrieg in Griechenland Teil unserer schwierigen europäischen Geschichte ist – so wie sie sich über die Schönheit unseres europäischen Ikaria freuen können. Mit großer Hochachtung stehe ich vor den Menschen in

Griechenland, die in aller Selbstverständlichkeit das tun, was notwendig ist: Gemeinschaft bilden, zusammenstehen. Wer in dieser Krise allein bleibt, der hat schon verloren. Europa täte gut daran, nicht geringschätzig auf Griechenland zu blicken, sondern aus den Erfahrungen gelebter Solidarität zu lernen – auch für die eigenen Krisen, die vielleicht bevorstehen.

Keep walking Greece. Keep walking Europa. Aber in welche Richtung soll Europa gehen? Welches Kreta möchte ich in Zukunft? Und welches nicht? Und was kann ich beitragen? Diese drei Fragen stellt die Orthodoxe Akademie seit Jahren und Jahrzehnten. Das wäre auch für Europa eine Idee. In einem großen Dialogprozess könnten ganz besonders die jungen Menschen zur Sprache kommen, die jetzt keine Arbeit haben und vielleicht von Apathie gelähmt sind. Die also nicht gebraucht werden für den großen Umsatz und Gewinn. Ich wünsche mir ein Europa mit riesigen Hörgeräten, damit es nicht nur auf die laut krähenden „Krachtes" hört, die ihre Ideen anpreisen, als wären sie die einzigen, sondern auch auf die kleinen, die leisen Stimmen – die Stimmen jener Menschen, die das zu tragen haben, was in den Zimmern der Mächtigen beschlossen wird. Ein Dialog in Zeiten des Monologs: Die Idee der Orthodoxen Akademie ist aktueller denn je.

Das klare, tintenblaue Wasser des ägäischen Meeres lockt auch mich. Wenn man hinein oder hinaus möchte, spürt man das kraftvolle Hin und Her des Wassers. Wenn es zieht, kannst du nicht an Land. Du musst warten, bis es ausatmet und dich ans Ufer spült. Dann sitze ich auf meinem Lieblingsfelsen und schaue dem Wasser zu, wie es kommt und geht, anbrandet und abbrandet. Wie Sisyphos mit seinem Stein. Sisyphos, der gestrafte Genießer?

Nein, hier geht es nicht um Sünden und Götterstrafen. Hier geht es um Fehler, die man sich eingestehen muss. Und korrigieren. Wie wird es weitergehen? Führt der eingeschlagene Weg tatsächlich immer nur weiter in den Abgrund? Und wenn nicht: Wann wird es besser? 2014, wie die Europäische Union vermutet? Oder 2015, wie die griechische Zentralbank sagt? Und dann, wenn es besser wird: Was wird dann besser? Wie schnell werden sich freundliche Zahlen auf die am schwersten Getroffenen auswirken? Wird eine Neuorientierung, ein Umdenken gelingen? „Die Krise war vorbei, als sie begann", sagt der Hotelier auf Kreta. „Sie hat noch gar nicht begonnen", höre ich in Athen.

„Haben wir Ithaka erreicht?", fragt Mikis Theodorakis ganz unvermittelt in seiner Autobiografie – und gibt die Antwort des Dichters: „Von Bedeutung ist nur die ‚Fahrt'. Die Entscheidung, die du selbst fällst und die dich ins Zentrum der Ereignisse schleudert."

Eleftheria, Freiheit. Konkret wird sie nur als Arbeit an der Befreiung.

Noch einmal habe ich in Athen ein Konzert besucht, diesmal in der beeindruckenden Arena von Petroupoli. Wieder geht es um Mikis Theodorakis. In Spielszenen wird sein Leben dargestellt. Und sein Kampf: im Widerstand, im Bürgerkrieg, gegen die Junta. Vor allem aber sind seine Lieder da. Ich bin erstaunt, wie oft ich zwar nicht mitsingen, aber doch mitsummen kann. Während die jubelnde Menge applaudiert, drängt sich mir ein versöhnlicher Gedanke auf: Wer solche Lieder hat und sie so zu feiern weiß, kann nicht untergehen.

Das Hin und Her des Wassers. „Die Politik ist wie eine Welle. Sie kommt und geht und kommt", sagte Frau Heidi in Ägina. „Und irgendwie wurschteln wir uns durch."

Ikaria, im August 2013

Wohin führt der „ungarische Weg" Viktor Orbáns? Wie gravierend sind die politischen und ökonomischen Veränderungen durch seine Regierung seit 2010? Entwickelt sich Ungarn in Richtung eines semiautoritären Staates? Roland Adrowitzer und Ernst Gelegs, die beiden renommierten ORF-Journalisten, gehen diesen Fragen auf den Grund. Ernst Gelegs, langjähriger ORF-Korrespondent in Budapest, berichtet als Augenzeuge über die rechte Revolution in Ungarn und schildert hautnah seine Erfahrungen vom Umgang der Regierung Orbán mit kritischen ausländischen Journalisten. Roland Adrowitzer wirft einen Blick hinter die Brüsseler und Straßburger Kulissen und zeigt auf, warum sich die Europäische Union im Umgang mit ihrem Mitglied Ungarn so schwer tut.
Zwei Insider über einen Brennpunkt der europäischen Politik.

Roland Adrowitzer · Ernst Gelegs
SCHÖNE GRÜSSE AUS DEM ORBÁN-LAND
Die rechte Revolution in Ungarn

208 Seiten, 17 x 24 cm
Hardcover mit SU
€ 24,99 · ISBN 978-3-222-13414-2

styria premium

ISBN 978-3-222-13410-4

sty ria

© 2013 by Styria premium
in der Verlagsgruppe Styria
GmbH & Co KG
Wien · Graz · Klagenfurt
Alle Rechte vorbehalten

Bücher aus der Verlagsgruppe Styria
gibt es in jeder Buchhandlung und
im Online-Shop

styriabooks.at

Die autobiografischen Zitate von Mikis Theodorakis stammen
aus dem Buch „Mikis Theodorakis, Die Wege des Erzengels.
Autobiographie 1925–1949. Herausgegeben und aus dem
Griechischen übersetzt von Asteris Kutulas, Insel Verlag 1995".

LEKTORAT: Josef Weilguni
UMSCHLAGGESTALTUNG: Maria Schuster
COVERFOTO: Picturedesk.com/Luisa Gouliamaki
BUCHGESTALTUNG: Strobl, Satz·Grafik·Design
FOTOS: Bei den Fotos handelt es sich um Originalaufnahmen von
Christian Rathner.

DRUCK UND BINDUNG:
Druckerei Theiss GmbH, St. Stefan i. L.
7 6 5 4 3 2 1
Printed in Austria